Gesund & Fit durch

Holunder

Alexandra Strasser

MOEWIG

Inhalt

Vorwort

Der Name Holunder leitet sich vom althochdeutschen ›holuntar‹ ab, was ›hohler Baum‹ bedeutet.

Noch vor nicht allzu langer Zeit war der Holunderstrauch eine häufig verwendete und sehr geschätzte Nutz- und Heilpflanze. »Vor dem Holunder Hut herunter« hieß eine Bauernregel, an die sich noch viele ältere Leute erinnern können. In der Volksmedizin wurde er früher häufig und vielseitig eingesetzt. Seine Nützlichkeit, seine Heilkraft und sein Wert als Nahrungsmittel sind jedoch fast völlig in Vergessenheit geraten.

Viele der traditionellen Anwendungsmöglichkeiten sind heute nicht mehr bekannt; nur noch wenige ernten seine Blüten oder Früchte, und viele halten ihn sogar für giftig. Bescheidene Mengen der Wildfrucht werden zu Säften verarbeitet, vereinzelt machen sich Kosmetikhersteller seine Wirkstoffzusätze zunutze, und in einigen Tees sowie Medikamenten ist unter anderem auch Holunder enthalten.

Doch ein Umdenken kündigt sich bereits an: Im Zuge der verstärkten Rückbesinnung auf die Heilkräfte der Natur richtet sich das Augenmerk wieder auf den Holunder und seine Wirkungsweise. In Europa, Asien und in den USA untersuchen Wissenschaftler seine Inhaltsstoffe, in Langzeituntersuchungen testet man seine therapeutischen Einsatzmöglichkeiten. Vorreiter in Europa sind Österreich, Deutschland und Dänemark. In diesen Ländern hat man begonnen, Holunder in größeren Mengen auf Plantagen anzubauen.

Und immer häufiger hört man: »Holunder? Ja, richtig – daraus hat meine Großmutter jeden Herbst Marmelade gekocht!« Oder: »Ich habe als Kind bei Erkältungen Holunderblütentee bekommen, der hat gut gewirkt!« Oder: »Meine Mutter hat aus den Beeren immer Saft bereitet – der schmeckte herrlich! Ich glaube, ich werde es diesen Sommer selbst versuchen!«

Eine gute Idee! Sein hoher Gehalt an seltenen Vitaminen, Mineralien, Spurenelementen und die in ihm enthaltenen essentiellen Aminosäuren machen Holunder zu einem Nahrungs- und Heilmittel der besonderen Art.

Wo Holunder wächst und wie er aussieht

Der Holunder gehört zur Familie der Geißblattgewächse, lateinisch *Caprifoliaceae*; die verschiedenen Arten werden unter der Gattung *Sambuceae* zusammengefaßt. Man findet ihn fast überall auf der Welt, entweder wild wachsend oder als gezüchtete Gartenpflanze. Ein möglicher Grund für seine starke Verbreitung mag darin liegen, daß der Holunder nur wenige sogenannte Freßfeinde hat. Kaninchen und Rehe benagen Holunder beispielsweise nicht, auch die Zahl der Insekten, die ihm Schaden zufügen, ist sehr begrenzt.

Die drei wichtigsten Arten, die in Mitteleuropa strauch- oder baumartig als Wildpflanze wachsen, sind der Schwarze und der Rote Holunder sowie der Zwergholunder.

Schwarzer Holunder

Der Schwarze Holunder – *Sambucus nigra* L. –, die am häufigsten vorkommende Art, wird drei bis acht Meter hoch und kann bis zu 80 Jahre alt werden. Er wächst in Flußauen, an Waldrändern, Hecken, Gebüschen und Wegrainen, bevorzugt auf sauren, stickstoffreichen Böden. Er zeigt sich jedoch sehr anpassungsfähig, so daß man ihn sogar auf Schutthalden antrifft. Der Strauch braucht viel Feuchtigkeit und einen sonnigen, jedoch nur mäßig warmen Standort.

Der lateinische Name ›sambucus‹ *leitet sich vermutlich von dem antiken griechischen Musikinstrument Sambuke ab, das aus Holunderholz hergestellt worden sein soll. Noch heute fertigen die Italiener Sampognas an, für die man ebenfalls Holunderholz verwendet.*

Seine langen, wenig verästelten Zweige treiben oft schon im Februar gegenständige, meist fünfzählige, unpaarig gefiederte Blätter aus, deren Stengelansätze einen süßen Honigseim absondern. Sie sind hohl, aber mit einem weichen, weißen Mark gefüllt; ihre Rinde ist von sogenannten Lentizellen, kleinen, warzigen Punkten, übersät. Das Holz ist anfangs weich und bleibt länger elastisch als viele andere Holzarten, härtet aber beim Trocknen so stark aus, daß es zum Hartholz gezählt wird.

Das weiche, weiße Holundermark lädt sich sehr leicht auf und wirkt magnetisch: eine Eigenschaft, die Optiker und Uhrmacher noch heute nutzen, um feinste Staubpartikel aus optischen Geräten oder Uhren zu entfernen.

Im Juni erscheinen die weißen bis gelblichen Blüten in Form von fünfstrahligen, tellerförmigen Trugdolden, die aus gut hundert einzelnen, winzigen Blüten bestehen. Diese produzieren keinen Nektar, sind aber pollenreich und verströmen einen intensiven Duft.

Ab August bilden sich aus ihnen die zuerst grünen, dann bräunlich-roten und schließlich violett-schwarzen, saftreichen Beeren, die an nunmehr dunkelroten Stielen hängen. Sie enthalten jeweils drei winzige Steinkerne. Die Fruchtdolden des wilden Holunders reifen nicht gleichzeitig, worauf man bei der Ernte achten sollte.

Besonders in Dänemark wird der Holunder auf eine möglichst simultane Reife der Beeren gezüchtet, die die Ernte einfacher macht.

Roter Holunder

Fast jeder Landstrich scheint seinen eigenen Namen für den Holunder zu haben: Ellhorn, Eller, Holder, Holler, Kiseke, Pisseke, Zipke sind nur einige davon.

Der Rote Holunder – *Sambucus racemosa* L. –, auch Trauben- oder Hirschholunder genannt, wird bis zu vier Meter hoch. Er bevorzugt Waldlichtungen mit nährstoffreichen, aber kalkarmen Böden und findet sich oft in Mittelgebirgs- und Berglagen.

Auch er bildet keine richtige Krone aus, sondern besteht aus langen Einzeltrieben mit wenigen Verzweigungen. Seine Blätter und seine unscheinbaren

Wichtig

Die Früchte des Roten Holunders enthalten neben reichlich Vitamin C und Karotenen auch das blausäureabspaltende Glycosid Sambunigrin, Gerbstoffe, Saponine und – im Öl der fettreichen Samen – einen noch unbekannten, harzartigen Giftstoff. Sambunigrin, Gerbstoffe und Saponine sind hitzelabil und werden beim Kochen zersetzt, nicht aber der Giftstoff im Samenkernöl, das erst bei Temperaturen um 200 °C vollständig zerstört wird.

Trotz ihres guten Geschmacks sollte man davon absehen, die Beeren des Roten Holunders zu Mus oder Gelee zu verarbeiten. Werden sie im Ganzen gekocht, löst sich das Öl samt dem Giftstoff aus den Pflanzensamen; passiert man die Beeren vor dem Kochen durch ein feines Sieb, werden zwar die Kerne zurückgehalten, aber teilweise gequetscht. Man kann also nie ganz vermeiden, daß ein Teil des Giftstoffes ins Fruchtmus gerät.

Blüten sind denen des Schwarzen Holunders sehr ähnlich, sie duften süß und bilden eine etwa fingerlange, eiförmige, aufrechte Rispe. Seine Früchte leuchten weit sichtbar korallenrot.

Zwergholunder

Der Zwergholunder – *Sambucus ebulus* L. –, auch bekannt unter dem Namen Attich, wird mit knapp eineinhalb Metern nicht höher als die meisten Staudenpflanzen. Man pflanzt ihn gelegentlich zur Befestigung von Dünen in Küstengebieten oder als Zier- und Gartenpflanze an. Seine Blüten bilden abgeflachte Schirmrispen, die im Gegensatz zum Schwarzen Holunder auch früchtetragend aufrecht bleiben.

Wichtig

Obwohl auch Zwergholunder früher in der Volksmedizin häufig zur Anwendung kam, muß heute dringend davon abgeraten werden. Man muß nämlich nach dem Verzehr der schwarzen Beeren mit Vergiftungen rechnen, die sogar tödlich verlaufen können.

Wegen des intensiven Duftes seiner Blüten wird Holunder oft auch Flieder genannt, obwohl er mit dem ›richtigen‹ Flieder – **Syringa vulgaris** ***L. – nichts gemein hat. Die Bezeichnung rührt vom flatternden – althochdeutsch ›vledderen‹ – Verhalten der Blätter her.***

Eine Pflanze mit langer Geschichte

»Oh, wer zählt die Wunder alle / dieses Bäumchens wohl? / Rinde, Beere, Blatt und Blüte / jeder Teil ist Kraft und Güte / jeder segensvoll!« preist ein unbekannter Dichter den Holunder.

Der Holunder gehört wahrscheinlich zu den ältesten Nahrungs- und Heilpflanzen. Schon die Mythen, die sich um diese Pflanze ranken, lassen darauf schließen, welche Bedeutung ihr bereits vor Urzeiten beigemessen wurde.

Wir wissen, daß die Menschen in der Jungsteinzeit den Schwarzen Holunder als Nahrungs- und Heilmittel schätzten. Archäologen fanden große Mengen von Holunderkernen in den steinzeitlichen Pfahlbausiedlungen Deutschlands und der Schweiz. Aber auch die australischen Aborigines, viele Indianervölker in Nord-, Mittel- und Südamerika sowie die Nomadenstämme in Zentralasien wußten bereits um die Heilkraft des Holunders.

Um 400 v. Chr. nannte der berühmte griechische Arzt Hippokrates den Holunderstrauch seinen »Medizinschrank«; in seinen medizinischen Abhandlungen ist nicht nur die Pflanze botanisch genau beschrieben, sondern es sind auch die medizinischen Wirkungsweisen der einzelnen Pflanzenteile im Detail wiedergegeben. Auch Dioskurides und Plinius lobten die Heilkraft von Arzneien aus Holunder, die zur Behandlung von Krankheiten taugen. In Ägypten und Arabien verwendete man sowohl die Blüten als auch die Beeren des Holunders; und man hatte erkannt, daß Holunderzweige vor lästigen Insekten schützen.

Im antiken Rom wurde Holunder vielseitig verwendet: Man nutzte ihn nicht nur als Heilpflanze und Lebensmittel, sondern auch als Farbstoff. Auf Stoffen oder Leder ergibt der Saft der Beeren – je nach Stärke der zugesetzten Säure – rote, blaue oder schwarze Farbtöne; die Holunderrinde färbt tiefschwarz, die Blätter bewirken eine moosgrüne Farbe. Die Damen der römischen Aristokratie ließen sich ihre Haare mit

Indianischer Erkältungstee

- Kochen Sie je 10 Gramm getrocknete Blätter, Beeren und Blüten des Schwarzen Holunders zusammen in einem Liter Wasser eine Viertelstunde lang gründlich aus.
- Lassen Sie den Sud weitere fünf Minuten ziehen.
- Dann seihen Sie die Flüssigkeit ab.

Von diesem Tee verordneten die Medizinmänner drei- bis fünfmal täglich eine Tasse.

Holundersaft färben, wobei sie vor allem seine pflegenden und festigenden Eigenschaften schätzten. Albertus Magnus (um 1200–1280), der sich in seinen Schriften ausführlich mit dem Holunder befaßte, vertrat die Ansicht, das Innere der Holunderrinde tauge, von unten nach oben geschabt, als Brechmittel, während es, von oben nach unten geschabt, ein Abführmittel ergebe. Ob dies so zutrifft, mag dahingestellt bleiben, Tatsache ist, daß die Holunderrinde – je nach Zubereitung – sowohl brechreizerregend als auch abführend wirkt, ein Umstand, den sich z.B. die Menomini- und Winnebago-Indianer in Nordamerika heute noch zunutze machen.

Albertus Magnus, damals Bischof von Regensburg, schrieb über die abführende Wirkung von Holunder: »Et haec saepius est expertum« – »Und dies ist öfter erprobt worden.«

Ein ganzes Buch über den Holunder

Im Jahre 1651 übersetzte ein gewisser Dr. Blockwich, ein aus Deutschland stammender Mediziner und Arzt, eine lange Abhandlung über den Holunder aus dem Lateinischen ins Englische.

Darin wird auf die verschiedenen Zubereitungsarten des Holunders eingegangen: Wein, Essig, Ölauszug, Destillation, Sirup, Puder, Salbe, Tinktur, Extrakt und Essenz. Auch sogenannte »Salze« sind beschrieben: Dies sind Kristalle, die nach dem Verbrennen und Destillieren der in Wasser gelösten Asche entstehen. Gesondert beschrieben ist die Heilkraft von Blüten und Blättern, von der Zweigrinde und der Wurzel sowie vom sogenannten »Judenohr«, einem Baumpilz, der hauptsächlich auf Holunder wächst. Im dritten Teil des Buches sind über 70 Krankheiten aufgeführt, die man angeblich mit Holunderpräparaten behandeln kann, darunter sogar Epilepsie und Pest.

Ferner sind in diesem Buch auch Holunderkuren geschildert, an die man auf dem Land wegen der häufigen und überraschend eintretenden Heilerfolge fest glaubte: »Wenn sie auch höchst simpel erscheinen mögen und von den Bauern selbst hergestellt werden, so sind sie doch weit sicherer und wirksamer bei unseren Beschwerden als die seltensten exotischen Medikamente«, heißt es wörtlich.

Von Märchen und Mythen

Jedes Kind kennt das Märchen von der Frau Holle, die es auf Erden schneien läßt und die das Gute belohnt und das Böse bestraft. Weniger bekannt ist, daß diese Märchenfigur vor einem andern Hintergrund zu sehen ist: Frau Holle leitet sich von der germanischen Naturgöttin Holda ab, die als guter Hausgeist im Holunderbusch wohnte und der man Opfergaben darbrachte, um sie milde zu stimmen, weil sie Haus und Hof beschützen und Krankheiten heilen konnte.

Früher verließ man sich so sehr auf die heilende Kraft, die im Holunder steckt, daß man Kranke einfach unter dem Busch schlafen ließ, um ihre Genesung zu fördern.

Die slawischen Ureinwohner im späteren Preußen opferten Holunder Speisen und Getränke, weil sie glaubten, der Erdengott Puschkaitis wohne unter dem Strauch. In Dänemark war es die Hyldemoer (Hollermutter), die sich in den Zweigen aufhielt, während Zwerge durch den Geruch der Blüten angelockt wurden und gern unter dem Holunderbusch saßen.

Durch die Christianisierung erfuhren die heidnischen Vorstellungen eine entsprechende Umdeutung: Maria, die Mutter Gottes, soll das Jesuskind in eine Krippe aus Holunderholz gelegt, seine Windeln an einem Holunderstrauch getrocknet, und die Heilige Familie soll auf der Flucht nach Ägypten unter einem Holunderbaum gerastet haben.

In gleichem Maße, wie man Holunder schätzte und verehrte, pflegte und schützte man ihn auch: Wenn überhaupt, war es nur Witwen und Waisen gestattet, das Holz des Holunders zu verbrennen; ein Verbot, das man später in einigen Schweizer Orten damit erklärte, daß die Heilige Emerita mit Holunderholz verbrannt wurde. Wer mutwillig einen Holunderstrauch beschädigte, mußte mit schlimmen Folgen rechnen.

»Nachbars Kinder und Nachbars Holunder / bannst du nie auf die Dauer, / schließt du ihnen die Türe, oh Wunder / klettern sie über die Mauer«, heißt es in einem bekannten Gedicht aus dem 19. Jahrhundert.

Der Holunder begleitete früher die Menschen vom ersten bis zum letzten Atemzug. Das erste Badewasser eines Neugeborenen schüttete man unter einen Holunderstrauch, um das Kind zu kräftigen. Später brachten die Frauen ihre Kinder immer wieder zum Holunderstrauch, um bei den dort wohnenden guten Geistern um Schutz und Kraft für die Kinder zu bitten. War jemand gestorben, so nahm man mit einem Holunderstab das Maß für den Sarg; und der Kutscher, der den Leichenwagen lenkte, hatte statt einer Peitsche einen Holunderzweig.

Gelegentlich wurde der Holunder auch als »Baum des Teufels« bezeichnet, was auf eine Verteufelung heidnischen Brauchtums durch die christliche Kirche schließen läßt.

Sprüche und Regeln rund um den Holunder

- Ein Holunderbusch vor der Stalltür bewahrt das Vieh vor Zauberei und Hexenkunst.
- Wer an Walpurgis (1. Mai) Kreuze aus Holunderzweigen an Fenstern, Feldern oder Misthaufen anbringt, wehrt damit die vorbeireitenden Hexen ab.
- Am Karfreitag soll man mittags um 12 Uhr Sand unter dem Holunderbusch wegnehmen und gegen die Spatzen in die Saat streuen.
- Ein Mädchen, das am Tag des heiligen Thomas während des Ave-Läutens einen Holunderbusch schüttelt, kann ihren Bräutigam aus der Richtung erwarten, aus der sie den ersten Hund bellen hört.
- So hoch, wie man in der Walpurgisnacht über Holunderzweige springen kann, die man an den Rand der Flachsfelder steckt, so hoch wird der Flachs in diesem Jahr wachsen.
- Um Fieber zum Verschwinden zu bringen, bindet man nachts bei abnehmendem Mond einen Faden an einen Holunderzweig und spricht eine Zauberformel.
- Um Zahnschmerzen loszuwerden, beißt man am Karfreitag in einen Holunderzweig.
- Einem beschrienen (verzauberten) Kind zieht man ein altes Hemd an und legt ihm einen Umschlag aus Hirschtalg, Kümmel und Essig auf den Magen. Am dritten Tag vergräbt man Hemd und Pflaster unter dem Holunder – und der Zauber ist gebannt.
- Wenn man die Nachgeburt einer Kuh, die zum ersten Mal kalbt, unter dem Holunder vergräbt, können Kalb und Milch nicht durch Zauber geschädigt werden.

Besondere Wirkungen zeitigt Holunder an bestimmten Tagen.

Zukunft – zum Greifen nah

Wenn heute das medizinische Interesse am Holunder wieder erwacht ist, so hat das natürlich nichts mit Aberglauben zu tun. Mit Hilfe naturwissenschaftlicher Methoden entschlüsselt man nach und nach die Geheimnisse dieser uralten

Holunder wird wegen seines Geschmacks und seiner Farbstoffe zunehmend stärker in der industriellen Getränkeherstellung verwendet.

Heilpflanze. Dabei spielt auch der Plantagenanbau eine wichtige Rolle. Die absolute Nummer Eins auf diesem Gebiet ist Österreich. Hier, insbesondere in der Steiermark, sind etwa 90 Prozent des weltweiten Anbaus konzentriert, und von hier aus werden auch ganze Reihen wissenschaftlicher Forschungsprojekte durchgeführt, die die Inhaltsstoffe des Holunders für eine Nutzung in pharmazeutisch-medizinischer Hinsicht überprüfen.

Weitere Aktivitäten und Projekte sind zu nennen: Vor einigen Jahren ist es einer Forschergruppe am Hassadah-Hospital in Israel gelungen, einen Holundersirup zur Grippebekämpfung zu entwickeln, mit dessen Hilfe insbesondere die Vermehrung von Influenza-B-Viren verhindert werden kann. Das Medikament ist mittlerweile mit großem Erfolg im Einsatz. Und im spanischen Valladolid befindet sich ein Zentrum zur Erforschung krebshemmender oder -verhindernder sowie antiviraler Effekte von Holunder, die auch für die Aids-Forschung von Interesse sind. In Zusammenarbeit mit Wissenschaftsinstituten in Österreich strebt eine italienische Firma die Marktreife eines Naturheilmittels auf Holunderbasis an, das auch der Krebsvorsorge dienen soll. Die Eidgenössische Forschungsanstalt in Wädenswil/Schweiz hat sich eingehend mit der Bedeutung des Holunders als eines gesunden Nahrungsmittels beschäftigt; mehrere biochemische Institute in Deutschland erforschen die Zusammensetzung seiner Inhaltsstoffe; Dänemark bemüht sich intensiv um ertragreiche, gleichzeitig reifende Zuchtsorten des Holunders mit hohem Anthocyanidin-Gehalt. Dort strebt man ferner danach, die Pflanzenkrankheiten, die am Holunder auftreten können, wirksam zu bekämpfen. Und schließlich wurde nicht ohne Grund der Holunder in Österreich zur »Heilpflanze des Jahres 1998« gekürt.

Holunder ist also eindeutig wieder »in«. Und er wird es wohl auch bleiben, denn schon ein kurzer Blick auf seine Inhaltsstoffe berechtigt zu großen Hoffnungen.

Was den Holunder so gesund macht

Obwohl seine heilkräftige Wirkung und seine gesundheitsfördernden Aspekte seit Urzeiten bekannt sind, steckt die Erforschung der Inhaltsstoffe des Holunders noch in den Kinderschuhen. Es wird wohl noch eine Weile dauern, bis man seine Geheimnisse bis ins Letzte enträtselt hat. Aber schon das, was wir bis jetzt über ihn wissen, genügt, um vor ihm wieder »den Hut zu ziehen«.

Unter den zahlreichen Aromastoffen, die bisher im Schwarzen Holunder identifiziert werden konnten, befindet sich merkwürdigerweise auch Ocimen, ein bedeutender Aromastoff in Mangos.

Inhaltsstoffe des Holunders

In den Holunderblüten sind Flavonoide, ätherische Öle, Glykoside, Gerbstoffe und Schleim enthalten. Die reifen Früchte sind sehr reich an Vitaminen und Mineralien. In den Blättern, in der Rinde und in den unreifen Früchten wurde ein blausäureabspaltendes Glykosid nachgewiesen.

Inhaltsstoffe der Blüten

- Ätherisches Öl – bestehend aus 63 Komponenten mit bis zu 66 % Anteil freier Fettsäuren
- n-Alkane
- Flavonoide – als Flavonolglykoside: Rutin, Isoquercitrin, Hyperosid, Astragalin, Nicotiflorin und Flavonole: Kaempferol, Quercetin
- Phenolcarbonsäuren – p-Cumarsäure, Kaffeesäure, Ferulasäure
- Triterpene
- Terole
- Schleim- und Gerbstoffe
- Spuren von Sabunigrin

Mit 26 Milligramm pro 100 Gramm Holunderbeeren ist der Vitamin-C-Gehalt der Früchte relativ hoch. Nicht zuletzt daraus erklärt sich die Wirksamkeit des Holunders bei Krankheiten, die durch eine Schwächung des Immunsystems begünstigt werden.

Daß Vitamin C unser Immunsystem auf Trab bringt, weiß inzwischen jedes Kind. Weniger bekannt ist, daß es sich auch um den Schutz von Zellen und Molekülen aller Art verdient macht.

Inhaltsstoffe der Blätter

- Flavonoide – Quercetin, Rutosid
- Triterpene
- Sterole
- Sambunigrin
- Alkane
- Lektine
- Provitamin A
- Vitamin C – bis zur Blütezeit, dann rasch abnehmend
- Gerbstoffe, Harz

Inhaltsstoffe der Beeren

- Vitamin A
- Vitamine des B-Komplexes
- Vitamin C
- Vitamin J – auch bekannt als Vitamin C_2
- Rutin, Isoquercitrin, Sambucin
- Natrium, Kalium, Kalzium, Phosphor, Potassium, Magnesium
- Methyl- und Ethylester höherer Fettsäuren
- Ätherisches Öl
- Aromastoffe
- Phenolische Verbindungen, Anthocyane
- Aminosäuren – mit hohem Gehalt an freien Aminosäuren
- Zitronensäure, Apfelsäure, Isozitronensäure
- Glucose, Fructose, Saccharose

Das ›böse‹ Sambunigrin

Rinde, Blätter und unreife Beeren des Schwarzen Holunders enthalten das Glykosid Sambunigrin. Ihm verdankt er den Ruf, giftig zu sein. In gewisser Weise ist er das auch, aber er ist nicht halb so giftig wie zum Beispiel grüne Bohnen! Diese enthalten zwar kein Sambunigrin, dafür aber Phasin, ein Toxalbumin, das einen Verzehr in rohem Zustand sehr riskant macht. Erbrechen,

Durchfälle, Magen-Darm-Blutungen, Muskelkrämpfe, Schock, sogar Tod können bei entsprechend disponierten Personen die Folgen schon einer einzigen roh verzehrten Bohne sein! Gekocht dagegen sind grüne Bohnen keineswegs schädlich, sondern sehr gesund.

Ähnlich verhält es sich auch mit dem Holunder. Auf keinen Fall sollte man sich etwa durch starken Durst während einer Wanderung dazu verleiten lassen, Holunderbeeren zu verzehren; die Blätter werden auch Kinder wegen ihres scharfen, adstringierenden Geschmacks wohl nicht essen.

Zum Glück ist Sambunigrin hitzelabil, d.h., es wird durch Kochen in Stoffe aufgespalten, die sich während des Kochvorgangs verflüchtigen.

Anthocyane – die neuen Wunder

Anthocyane sind Flavonoide, die zur Gruppe der Polyphenole gehören. Sie sind es, die den meisten rosa, roten, blauen oder violetten Blüten, Gemüsen und Früchten ihre Farbe geben. Dabei ist die Färbung vom pH-Wert abhängig – Säuren bringen das Rot, Basen das Blau verstärkt heraus.

Auch Rotwein enthält Anthocyane; sie stammen entweder aus den Fruchthüllen der blauen Trauben – oder von einem färbenden Zusatz von Sambucyanin, dem Farbstoff der Holunderbeeren.

Aber Anthocyane können sehr viel mehr als nur färben. Sie sind hervorragende Bekämpfer der sog. Freien Radikalen, die eine Gefahr für unsere Zellen bedeuten. Anthocyane sind in der Lage, diese Gefahr einzudämmen, und zwar noch sehr viel effektiver als zum Beispiel das Beta-Karotin oder die Ascorbinsäure, die ebenfalls für diese Schutzwirkung in Frage kommen.

Darüber hinaus erhöhen diese Pflanzenfarbstoffe die Widerstandsfähigkeit der Wände von kleinen Blutgefäßen, und sie verringern ihre Durchlässigkeit. Erst in jüngster Zeit hat man entdeckt, daß sie dabei wahrscheinlich auch gefährliche Ablagerungen an den Gefäßwänden – die zu Verdickungen und Verletzungen führen können – wieder lösen. Diese Entdeckung kann für Diabetiker von großer Bedeutung sein. Auch bei einer ganzen Reihe anderer Gefäßerkrankungen wie Bluthochdruck, Venenleiden, Arteriosklerose oder Insuffizienz der Herzkranzgefäße sind Anthocyane hilfreich. Mit den Beeren des Holunders kann man also die Verhütung von Herzinfarkten, Thrombosen und Schlaganfällen unterstützen. Anthocyane sorgen außerdem für eine bessere Fließfähigkeit des Blutes, indem die Blutplättchen daran gehindert werden, zu verkleben.

Auch die Krebsforschung interessiert sich zunehmend mehr für Flavonoide: Einige scheinen bestimmte Krebsarten in ihrem Wachstum zu hindern. Außerdem steigern Flavonoide die Aktivität verschiedener Enzyme, die Tumorauslöser deaktivieren können. Sie können also durchaus zu den Krebshemmern gezählt werden.

Aber auch viele Pilze und Bakterien werden von diesen »Wunderstoffen« in ihre Schranken verwiesen. Und sie machen auch vor Viren nicht halt: Es wurde bereits nachgewiesen, daß sie Polio-Erreger, Viren im Darm, Herpes-simplex-Viren sowie Parainfluenzaviren eindämmen können. Selbst bei chronisch-viralen Lebererkrankungen (Hepatitis) zeigen sie eine positive, heilungsfördernde Wirkung.

Anthocyane verbessern außerdem deutlich die Nachtsicht, indem sie die Regeneration des Chromoproteins Rhodopsin – die sich im Dunkeln vollzieht – beschleunigen.

Es gibt noch viel, das wir über diese kleinen Wunder in Blau und Rot nicht wissen. Aber Dank intensiver Forschung wird sich das wohl bald ändern.

Kalium

Ohne Kalium bräche unser ganzes »inneres Versorgungsnetz« zusammen. Ein Mangel an Kalium kann sich durch Nervosität, Schlafstörungen, Schwächezustände, Kopfschmerzen und Verstopfung bemerkbar machen.

Das Mineral Kalium ist veranwortlich für den Wasserhaushalt unseres Körpers. Das Verhältnis von Kalium innerhalb und außerhalb der Zellen sorgt für die elektrische Spannung, die nötig ist, damit Biostoffe ins Zellinnere hinein- und Abfallstoffe auch wieder aus der Zelle heraustransportiert werden können. Ohne Kalium bräche unser ganzes »inneres Versorgungsnetz« zusammen.

Ein Mangel an Kalium kann sich durch Nervosität, Schlafstörungen, Schwächezustände, Kopfschmerzen und Verstopfung bemerkbar machen.

Holunderbeeren enthalten 300 Milligramm Kalium pro 100 Gramm Beeren und gehören damit zu den wichtigen Lieferanten dieses wertvollen Minerals.

Magnesium

Magnesium ist für viele Stoffwechselabläufe zuständig, aber es ist auch notwendig für die Hormonproduktion und die Muskeltätigkeit sowie für die Herzfunktionen. Darüber hinaus spielt es eine wichtige Rolle bei der Reizübertragung über unsere Nervenbahnen. Fehlt es, entstehen Depressionen ebenso wie Durchfall, Muskelschwäche, Übelkeit und Störungen der Herzfunktion.

In allen pflanzlichen Keimzellen – etwa in Nüssen und Samen – steckt viel Magnesium. Früchte dagegen sind magesiumarm. Doch gibt es zwei Ausnahmen: Holunderbeeren und Bananen. Holunderbeeren enthalten fast doppelt soviel Magnesium wie Bananen.

Vitamin A

Vitamin A ist vor allem für Augen und Schleimhäute wichtig, aber auch für das Immunsystem; darüber hinaus wirkt es als Antioxidans (d.h. als Stoff gegen das Ranzigwerden von Fetten). Es ist von Bedeutung für den Knorpelaufbau, und es beeinflußt nicht zuletzt die Sexualität: Ein Mangel an Vitamin A kann zu ungenügender Spermienproduktion beim Mann und zur Libidoschwäche oder Unfruchtbarkeit bei der Frau führen. Neben den frischen Holunderbeeren sind besonders Leber, grüne Erbsen und Bohnen, Karotten und Spinat reich an Vitamin A. Seine Vorstufe, das Beta-Karotin, findet sich in allen stark gelben, orangen oder dunkelgrünen Obst- und Gemüsesorten.

Ein Mangel an Vitamin A kann zu ungenügender Spermienproduktion beim Mann und zur Libidoschwäche oder Unfruchtbarkeit bei der Frau führen.

Vitamin-B-Komplex

Alle B-Vitamine stehen sozusagen in enger Verbindung; wo sich eines befindet, sind oft auch andere anzutreffen. Die B-Vitamine arbeiten auch eng zusammen. Der Vitamin-B-Komplex besteht aus Thiamin (B_1), Riboflavin (B_2), Niazin (B_3), Pantothensäure (B_5), Biotin, Cholin, Inositol, Pyridoxin (B_6), Folsäure, Vitamin B_{12} und Paraaminobenzoesäure, kurz PABA.

Die B-Vitamine haben sehr viele Aufgaben in unserem Körper. Leider werden sie durch die industrielle Bearbeitung von Lebensmitteln zu einem großen Teil zerstört, so daß eine Unterversorgung mit Vitamin B gar nicht so selten ist. Holunder gehört zu den wichtigsten Vitamin-B-Lieferanten, die wir kennen: Besonders die Vitamin B_1 und B_6 sind in hoher Konzentration vorhanden, schon allein deshalb sollten wir ihn möglichst oft auf unserem Speisezettel berücksichtigen.

Aminosäuren

Es hat schon seinen Grund, daß die Natur den Holunder so reichlich mit B-Vitaminen ausgestattet und dabei ein besonderes Gewicht auf das Pyridoxin, genannte Vitamin B_6 gelegt hat, das vor allem beim Stoffwechsel der Aminosäuren mitwirkt. Aus diesen stickstoffhaltigen Verbindungen sind die verschiedenen Eiweiße aufgebaut, die überall im Körper – ob in Muskeln, Gehirn, Nerven oder Bindegeweben – zur Herstellung lebenswichtiger Enzyme, Hormone, Antikörper oder Plasmen gebraucht werden. Manche Aminosäuren können vom Organismus selbst aufgebaut werden, andere wiederum – die sogenannten essentiellen Aminosäuren – müssen mit der Nahrung zugeführt werden.

Je nach Pflanzenstandort und Verarbeitungsart kann Holunderbeersaft bis zu 8,4 Gramm pro Liter dieser wichtigen Proteine enthalten; dabei ist selbst hergestellter Saft in der Regel weitaus proteinhaltiger als industriell gefertigter. Der Anteil an essentiellen Aminosäuren liegt zwischen 38 und 54 Prozent. Holundersaft gilt also mit Recht als reichhaltige Quelle von Aminosäuren, die für die menschliche Ernährung von entscheidender Bedeutung sind.

Selbstgemachte Heilmittel aus Holunder

Holundersträucher blühen nicht immer gleichzeitig. In ein und demselben Dorf kann es zu Unterschieden von bis zu vier Wochen kommen. Dadurch hat man fast einen Monat Zeit, sich an den unterschiedlichen Sträuchern mit Blüten zu versorgen.

In der Apotheke kann man auch heute noch zumeist problemlos die verschiedenen Teile des Holunders in getrockneter Form, als Ganz- oder Schnittdroge oder auch als Pulver kaufen oder zumindest bestellen.
Wer Holunderrinde oder -wurzel wegen ihrer stark harntreibenden und abführenden Wirkung einsetzen möchte, sollte sie sich unbedingt in der Apotheke besorgen, da von beiden nur eine bestimmte Schicht verwendet werden darf. Auch die vorgeschriebene Dosierung muß genau eingehalten werden. Größere Dosen können Erbrechen, starken Durchfall, Magen-, Darm- und Nierenentzündungen auslösen. Es muß deshalb eindringlich davor gewarnt werden, diese Mittel ohne Absprache mit dem Arzt zu verwenden und sich das »Rohmaterial« im eigenen Garten oder am Wegesrand zu beschaffen!
Blätter, Blüten und Beeren des Holunders dagegen kann man sich ohne weiteres in der freien Natur besorgen. Um die Schadstoffbelastung so gering wie möglich zu halten, sollten Sie aber darauf achten, nicht gerade jene Holunderbäume abzuernten, die an belebten Straßen oder an Feldern stehen oder die mit giftigen Pflanzenschutzmitteln besprüht wurden. Machen Sie lieber Ihren Waldspaziergang zum »Erntegang«, oder suchen Sie sich ländliche Nebenwege aus, die oft von schadstoffunbelasteten Holunderbüschen gesäumt sind!

TIP!

Da die Blattansätze einen süßen Honigsaft aussondern, werden sie oft von Blattläusen befallen. Achten Sie schon beim Pflücken darauf, schädlingsfreie Blätter zu ernten.

Blätter

Sowohl die Blätter als auch die jungen Schossen werden im April und Mai gepflückt. Man reinigt nur die einzelnen Blätter, nicht aber die Stiele, und trocknet sie an einem luftigen, schattigen Ort. Die gut getrockneten Blätter bewahrt man am besten in Blechdosen auf.

Blüten

Die scheibenförmigen Trugdolden des Holunders mit ihren vielen winzigen Einzelblüten erntet man dann, wenn sie voll erblüht sind, zumeist im Juni.
Wichtig ist vor allem, daß die Blüten bei sonnigem Wetter geerntet werden. Schneiden Sie deshalb die Dolden im Ganzen ab, und trocknen Sie sie möglichst rasch an einem luftigen, schattigen Ort (bis zu 30 °C).
Wenn die Blüten trocken genug sind, lassen sie sich durch leichtes Reiben von den Stielen trennen; nehmen Sie deshalb ein metallenes Sieb und reiben Sie die Dolden daran, dann fallen die Blüten problemlos von den Stielen ab.

TIP!

Zu lange Trocknungszeiten führen zu starken Einbußen der Wirkstoffe. Sie sollten sich trotzdem nicht davon verleiten lassen, mit dem Backofen nachzuhelfen: Wenn die Hitze zu stark ist, trocknen zwar die äußeren, nicht aber die inneren Schichten schnell aus. Das Malheur zeigt sich dann bei der Lagerung, wenn Schimmel oder Fäulnis entsteht.

Beeren

Gegen Ende August beginnt die Vollreife der Holunderbeeren. Es kommt häufig vor, daß sich die einzelnen Beeren an den Dolden in verschiedenen Reifestadien befinden. Achten Sie deshalb darauf, wirklich nur die ganz ausgereiften, violett- bis blauschwarzen prallen Beeren zu ernten. Wenn nur noch wenige halbreife Früchte an den Dolden zu finden sind, kann man diese daheim durch Verlesen aussortieren. Die Erntezeit erstreckt sich so oft bis in den November hinein.
Wollen Sie die Beeren trocknen, schneiden Sie die ganzen Dolden mit einem längeren Stielende ab und trocknen diese im Schatten an einem luftigen Ort, zum Beispiel auf dem Dachboden. In getrocknetem Zustand lassen sich die Früchte leicht von den Stielen lösen. Sie sollten in dunklen Glasgefäßen aufbewahrt werden.
Holunderbeeren lassen sich auch ausgezeichnet einfrieren. Da nicht alle Beeren zur gleichen Zeit reifen, kann es vorteilhaft sein, jede Teilernte erst einmal einzufrieren und zum Schluß die Gesamtmenge auf einmal zu verarbeiten.
Zu Saft und Mark sollten Holunderbeeren möglichst sofort nach der Ernte verarbeitet werden, um die größtmögliche Wirk- und Nährstoffdichte zu erhalten.

Viele der Aromastoffe der Holunderbeeren locken bestimmte Insektenarten an – und halten andere fern – ein Umstand, den auch wir uns zunutze machen können, indem wir einen Zweig mit Holunderbeeren und -blättern ins Zimmer stellen.

Grundrezepte

Holunderblütentee

▶ Als wohlschmeckendes, erfrischendes Getränk und zur Vorbeugung in der infektreichen Zeit übergießt man einen Teelöffel getrockneter Holunderblüten mit einer Tasse kochendem Wasser, läßt den Sud zugedeckt etwa fünf Minuten ziehen und gießt ihn dann durch ein Teesieb ab.

▶ Für einen wirkstoffintensiveren Heiltee werden zwei Teelöffel der getrockneten Blüten verwendet.

▶ Als Badezusatz rechnet man einen Liter Tee aus acht Teelöffeln Holunderblüten pro Vollbad. Vor der Zugabe sollte der Tee mindestens zehn Minuten ziehen.

Holunderbeerentee

Biochemiker haben festgestellt, daß sich Holunderbeersaft durch eine für Beerensäfte ungewöhnlich hohe Konzentration der aromatischen Aminosäuren Tyrosin, Phenylalanin und Tryptophan auszeichnet.

▶ Dieser Tee wird aus getrockneten Holunderbeeren hergestellt. Pro Tasse rechnet man einen Eßlöffel Beeren, die mit kaltem Wasser angesetzt werden. Man läßt sie gut zehn Minuten ziehen. Anschließend bringt man die Flüssigkeit samt den Beeren langsam über kleiner Flamme zum Kochen. Etwa eine Minute sprudelnd kochen lassen. Nun muß der Sud nochmals zehn Minuten ziehen; dann wird er abgeseiht.

Holunderblätter-Abkochung

▶ Mit den Blättern wird genauso verfahren wie mit den Beeren, nur sollte die Kochzeit fünfzehn Minuten betragen. Für Heilzwecke werden nur getrocknete Blätter verwendet. Man rechnet einen bis zwei Teelöffel der zerriebenen Blätter pro Tasse Wasser.

Holunderbeersaft

▶ Um einen erfrischenden, vitaminreichen Saft zu gewinnen, den man zu gleichen Teilen mit anderen Säften (Apfel, Johannisbeere, Birne) oder Mineralwasser verdünnen kann, eignet sich am besten der Dampfentsafter. Wegen des besseren Geschmacks sollten grobe Stiele vor dem Entsaften der Beeren entfernt werden, kleinere stören nicht.

Füllen Sie den Korbeinsatz Ihres Dampfentsafters mit vollreifen schwarzen Holunderbeeren, und streuen Sie 500 g Zucker darüber. Der austretende, kochendheiße Saft wird sofort in saubere Flaschen gefüllt und luftdicht verschlossen.

▶ Auch Holunder-Muttersaft, der zu Heilzwecken verwendet wird, stellt man nach demselben Verfahren her. Geben Sie hierfür der Fruchtmasse, jedoch keinen Zucker zu. Die gefüllten Flaschen werden anschließend im Einkochtopf bei 80 °C noch 20–25 Minuten pasteurisiert.

Holundermark

▶ Holundermark – das auch die Basis für Holunderbeermarmeladen ist – gewinnt man durch das Passieren der gekochten Beeren durch ein feinmaschiges Sieb. Für Marmeladen kann man durchaus die Fruchtmasse verwenden, die nach dem Dampfentsaften übrig bleibt; für Heilzwecke müssen die Beeren samt dem austretenden Saft verwendet werden. Kochen Sie sie daher mit nur wenig Wasser gut durch, und treiben Sie sie anschließend durch ein Sieb.

Holunderbeerenwein

Der Wein aus Holunderbeeren gehört nicht nur zu den köstlichsten Fruchtweinen überhaupt, sondern ist ein wahres Tonikum für den ganzen Körper. Kalt getrunken hilft er gegen Völlegefühl und Bauchgrimmen, bei Kreislaufstörungen oder Überanstrengung sowohl körperlicher wie auch geistiger Art. Auch eine herzstärkende Wirkung wird ihm nachgesagt. Warm hilft er bei Erkältungen, beginnender Lungenentzündung oder Bronchitis.
Leider haben die meisten Menschen nicht den Platz und die Gerätschaften, die man zur Zubereitung von Beerenwein braucht. Industriell wird er nicht hergestellt; aber manche Privatanbieter haben ihn im Sortiment.

Holunderessig

▶ Für Holunderblütenessig zur innerlichen Anwendung – aber auch zum Würzen von Speisen – legt man eine Handvoll getrockneter Blüten in 750 ml hochwertigem Apfelessig ein und läßt die verschlossene Flasche sechs bis acht Wochen an einem dunklen Platz ziehen. Zwischendurch schüttelt man sie wiederholt durch. Anschließend abseihen und innerhalb eines Monats verbrauchen.

Massageöl

▶ Verrühren Sie kaltgepreßtes Olivenöl – im Handel trägt es die Bezeichnung »Vergine« – mit einer Handvoll getrockneter Holunderblüten. Lassen Sie das Öl an einem dunklen, kühlen Ort drei Wochen lang ziehen; rühren Sie es gelegentlich gut durch. Anschließend durch einen Kaffeefilter abfiltern.

Die aus den Blättern gewonnenen Lektine werden zur Bestimmung von blutgruppenspezifischen Reaktionen verwendet; Lektine aus Fruchtextrakten werden auf ihre Eignung zur Anreicherung der Stammzellen bei Knochenmarks-Transplantationen untersucht.

Mehrfach preisgekrönt sind die Beerenweine der steirischen Firma Jöbstel, A-8551 Wernersdorf 41 oder A-8552 Aibl 8 Tel. 0043-3466-43966.

Mit Holunder heilen von A bis Z

Abszesse

Kleinere Abszesse kann man meist erfolgreich selbst behandeln; bei größeren – oder häufigem Auftreten dieser schmerzhaften Eiterbeulen – sollte man einen Arzt hinzuziehen. Das ist auch ratsam, wenn ein Abszeß nicht reift.

Eine abgegrenzte Eiteransammlung im Körpergewebe nennt man Abszeß. Sie kann überall im Körper entstehen; die meisten bilden sich irgendwo nahe der Körperoberfläche unter der Haut. Anfangs sind sie hart, heiß, stark gerötet und schmerzhaft; später, wenn sie »reifen«, werden sie weicher.
Sowohl im ersten wie auch im zweiten Stadium eignen sich zur Behandlung Breiumschläge aus frischen Holunderblättern.

Behandlung

▶ Um einen Abszeß zum Reifen zu bringen, zerreibt man eine Handvoll frischer Blätter mit etwa vier Teelöffeln Essig zu einer weichen Paste, erhitzt diese – am einfachsten in der Mikrowelle – und bestreicht damit die befallene Hautpartie. Decken Sie den Breiumschlag mit einem heiß-feuchten Tuch ab, und legen Sie noch ein gefaltetes Frottiertuch darauf.

▶ Bei bereits reifen Abszessen wirkt ein kalter Breiumschlag aus einer Handvoll zerriebener frischer Holunderblätter mit zwei Teelöffeln Salz. Geben Sie gerade genug Wasser dazu, um einen dicken Brei herzustellen, und streichen Sie das Ganze kalt auf den bereits weichen Abszeß.

TIP!

Wenn ein Abszeß wiederholt an derselben Stelle auftritt, sollten Sie einen Arzt aufsuchen. Es könnte sich dabei nämlich um eine Fistel handeln; diese muß häufig operativ entfernt werden.

Abwehrschwäche

Wer sich immer wieder Erkältungen, Herpes (Fieberbläschen), Magen-Darm-Grippen und ähnliche lästige Infektionen »einfängt«, leidet vermutlich an einer Schwächung der Abwehrkräfte. Krankheitserreger können nicht mehr ausreichend bekämpft werden und verbreiten sich im Körper.

Wichtig ist, auf eine gesunde, vitaminreiche Ernährung zu achten. Achten Sie darauf, Ihrem Körper reichlich Vitamin C zuzuführen – in Form von Südfrüchten, frischem Gemüse, Obst- und Gemüsesäften. Vitamin C ist der beste Freund der Lymphozyten oder weißen Blutkörperchen, die ständig auf der Suche nach krankmachenden »Eindringlingen« sind.
Darüber hinaus hilft Vitamin C, die Körperzellen vor den Angriffen der Freien Radikalen zu schützen. Diese aggressiven Sauerstoffmoleküle versuchen, Zellen oder Zellteile zu oxidieren, sie regelrecht zu zerstören.

Außerdem helfen:

Brunnenkresse – durch Vitamin C und antibiotische Stoffe
Hagebutten – durch Vitamin C, Karotene und Flavonoide
Petersilie – durch Vitamin C, Karotene, Zink und Selen

Neben dem Gehalt an Vitamin C sind es besonders die Anthocyane in reifen Holunderbeeren, die als hochwirksame Antioxidanzien im Körper aktiv werden. Und das Beste: Als Flavonoide stärken sie nicht nur selbst die Abwehr und durchstöbern die haarfeinen Äderchen unseres Kapillarsystems nach Krankheitserregern, sondern schützen ihrerseits wiederum das Vitamin C vor Oxidation. Durch sie erhöht sich die Wirkung dieses wichtigen Immun-Vitamins bis auf das 20fache!

Trinken Sie nicht nur den Saft von Zitronen oder Orangen – essen Sie auch das Fruchtfleisch mit. Dank der darin enthaltenen Flavonoide erhöht sich die Wirkung des Vitamins C um ein Vielfaches.

Behandlung

- Trinken Sie kurmäßig – mindestens acht Wochen lang – täglich ein Glas Holunderbeersaft, den Sie zusätzlich mit einem halben Meßlöffelchen Ascorbinsäure (aus Apotheke oder Drogerie) anreichern können.
- Achten Sie auf ausreichende Zufuhr der Vitamine A, C und E.
- Gehen Sie regelmäßig spazieren. Körperliche Bewegung stimuliert nachweislich die Produktion von Antikörpern.

Zigaretten und Alkohol sind die schlimmsten Feinde unseres Immunsystems. Raucher sollten ganz besonders darauf achten, durch schlechte Ernährung nicht noch zusätzlich ihre Abwehrkräfte zu gefährden.

Akne

Besonders Jugendliche in der Pubertät leiden unter Akne, einer Überfunktion der Talgdrüsen, durch die Mitesser und eitergefüllte Pickel entstehen. Mit dem Auspendeln des Hormonspiegels normalisiert sich die Haut nach der Pubertät meist wieder; es kann jedoch auch zu länger anhaltenden Störungen kommen.

TIP!

Auch Queckentee ist bei Hautunreinheiten ein bewährtes Mittel. Zwei Tassen pro Tag sind ausreichend.

Behandlung

▶ Trinken Sie täglich eine Tasse Holunderblütentee zur Blutreinigung.

▶ Mischen Sie getrocknete Arnika, Holunderblätter und Stiefmütterchenkraut zu gleichen Teilen. Ein Eßlöffel der Mischung wird mit einer Tasse heißem Wasser zum Kochen gebracht und kurz aufgekocht. Anschließend gut zehn Minuten ziehen lassen. Nun wird ein sauberes Tuch mit dem Sud getränkt und mindestens dreimal täglich als Kompresse auf die betroffenen Hautstellen gelegt.

Arteriosklerose

Krankhafte Veränderungen der Gefäßwände, Verdickungen und Einlagerungen von Lipoiden – fettähnlichen Substanzen – und Kalzium sind verantwortlich für die Arteriosklerose. Sie kann sich durch Krämpfe und Schmerzen in den Beinmuskeln, einer deutlichen Schwäche des Kurzzeitgedächtnisses und Schmerzen in der Brust bemerkbar machen. Die Folgen können tödlich sein: schwere Durchblutungsstörungen des Herzens bis hin zum Infarkt. Daher gehört die Behandlung von Arteriosklerose immer in die Hand eines Arztes!

Streß, zu fettes Essen, Alkohol und Tabak begünstigen die Entstehung dieser Krankheit.

Die Anthocyane des Holunders sind hervorragende Helfer gegen die Arteriosklerose. Gemeinsam mit Vitamin C kräftigen sie die Kollagensubstanz aller Gefäßwände und behindern so die Entstehung neuer Kalziumablagerungen. Neuesten Forschungen zufolge sind sie sogar imstande, an Gefäßwänden abgelagerte Glykoproteine wieder zu lösen und so einen unschätzbaren Beitrag zu einer Gesundung der geschädigten Blutgefäße zu leisten.

Darüber hinaus sind Anthocyane in der Lage, die Oxidation der mehrfach ungesättigten Fettkomponenten von Lipoproteinen (Fetteiweißstoffen) niedriger Dichte zu verhindern – und zwar in wesentlich stärkerem Maße als so berühmte Antioxidanzien wie Beta-Karotin, Ascorbinsäure oder Alpha-Tocopherol!

Behandlung

- Geben Sie 50 Gramm getrocknete Holunderbeeren in einen Liter Wasser, und kochen Sie die Mischung auf. Halten Sie sie so lange am Kochen, bis die Flüssigkeit sich auf die Hälfte reduziert hat; erst dann durch ein Sieb abgießen. Von diesem Sud trinken Sie dreimal täglich vor dem Essen eine Tasse.
- Essen Sie mehrmals täglich einen Teelöffel Holundermus aus gekochten frischen Beeren.
- Trinken Sie mindestens einmal am Tag ein Glas Holunderbeersaft, dem Sie einen Meßlöffel Ascorbinsäure (aus der Apotheke) zusetzen.

Außerdem helfen:

Hagebutten – durch ihren hohen Vitamin-C-Gehalt
Weißdorn – durch seine allgemeine Herzstärkende Wirkung
Efeu – durch die cholesterinspiegelsenkenden Saponine

Arthritis

Schwellungen an den Gelenken und Gelenkschmerzen sind die Symptome der Arthritis. Die Ursache dafür sind häufig Entzündungen der Gelenke, die zum Beispiel nach schweren Infektionskrankheiten durch das Einwandern von Eitererregern in die Gelenke entstehen. Die sogenannte *Arthritis deformans* dagegen ist durch Abnutzungserscheinungen bedingt.

Für die Betroffenen ist nach längeren Ruhepausen – nachts oder auch tagsüber – jede Bewegung qualvoll; sie fühlen sich steif und unbeweglich. Übergewicht wirkt sich bei Hüftgelenksarthrosen besonders nachteilig aus; eine Gewichtsreduktion ist hier dringend erforderlich. In jedem Fall aber ist eine sanfte Entwässerung mit der damit verbundenen Ausschwemmung von Giftstoffen aus dem Körper angeraten. Holunderblätter sind durch ihre harntreibende Wirkung sehr gut für diese Aufgabe geeignet; die schweißfördernden Inhaltsstoffe der Blüten sorgen ebenfalls für eine Ausscheidung von Krankheitsstoffen.

TIP!

Gehackte frische Löwenzahnwurzeln, in ein feuchtheißes Tuch gebunden, ergeben einen lindernden Umschlag bei Arthritis.

Arthritis in all ihren Formen ist eine ernstzunehmende Erkrankung, deren Behandlung in die Hände eines erfahrenen Arztes gehört. Holunder kann eine solche Behandlung nicht ersetzen, aber eine wertvolle Unterstützung der Therapie sein.

Behandlung

▶ Trinken Sie eine Woche lang jeden Nachmittag zwei Tassen Holundertee, bereitet aus einem Teelöffel Blättern und Blüten zu gleichen Teilen. Nehmen Sie den heißen Tee schlückchenweise zu sich. Der leicht bittere Geschmack läßt sich durch Honig und Zitronensaft verbessern.

▶ Bei akuten Schmerzzuständen und Schwellungen haben sich Kräuterkissen mit Holunderblüten bewährt, die man erwärmt auf die schmerzenden Gelenke legt und bis zum Erkalten liegen läßt.

Asthma

Das gefürchtete Bronchialasthma mit seinen quälenden Anfällen akuter Atemnot ist gekennzeichnet durch entzündungsbedingte Krämpfe der Bronchien und Absonderung eines zähen Schleims.

Die schleimlösende und das Abhusten erleichternde Wirkung der Holunderblüten wird sogar in der Schulmedizin und auch in der Homöopathie genutzt.

TIP!

Auch die Dämpfe von Holunderblütenessig sollen krampflösend wirken und den Auswurf des zähen Bronchialschleims fördern.

Behandlung

▶ Inhalationen mit Holunderblüten lösen zähen Schleim und erleichtern das Abhusten. Bereiten Sie eine Inhalationslösung aus zwei Litern Wasser und einer Handvoll getrockneter Holunderblüten. Inhalieren Sie täglich mindestens zweimal.

▶ Auch innerlich angewandt wirkt der Blütentee schleimlösend. Trinken Sie über den Tag verteilt drei Tassen Holunderblütentee; nehmen Sie dazu zwei Teelöffel Blüten pro Tasse Wasser.

Weil Anthocyane deutlich die Geschwindigkeit erhöhen, mit denen sich das wichtige Sehpurpur Rhodopsin regeneriert, sind sie in der Lage, die Nachtsicht zu verbessern, und helfen dem Auge, sich an die Dunkelheit anzupassen.

Augenermüdung

Gerade Menschen, die häufig am Computer arbeiten oder vor dem Fernseher sitzen, leiden oft an Ermüdungserscheinungen der Augen, denn jeder Bildschirm verlangt von den Augen die Anstrengung, sich ständig neu auf Hell-Dunkel-Reize einzustellen. Das kann bald eine Überforderung zur Folge haben. Aber auch Mangel an bestimmten Vitaminen, zu trockene Luft, Streß, Schadstoffe oder Zugluft können zu geröteten, machmal sogar juckenden oder brennenden Augen führen.

Behandlung

▶ Streuen Sie 50 Gramm getrocknete Holunderblüten in einen Liter siedendes Wasser, und lassen Sie das Ganze 15 Minuten ziehen. Anschließend gießen Sie die Mischung durch einen Kaffeefilter, um eine möglichst klare Lösung zu erhalten. Tränken Sie zwei Wattepads damit, und legen Sie sie für eine Viertelstunde auf die geschlossenen Lider. Nach dem Abnehmen die Augen mit kaltem Wasser abtupfen.

TIP!

Besonders das Vitamin A, aber auch die Vitamine E und C sind wichtig für gesunde, strahlende Augen. Achten Sie bei Ihrer Ernährung darauf, genügend dieser wertvollen Biostoffe zu sich zu nehmen!

Blasenentzündung

Hauptursache von Blasenentzündungen sind nicht »Verkühlungen des Unterleibs«, sondern Bakterien, besonders *Escherichia coli*, die durch die Harnröhre in die Blase wandern. Frauen sind sehr viel häufiger als Männer von diesem Leiden betroffen. Das ist vor allem anatomisch bedingt: Die weibliche Harnröhre ist wesentlich kürzer als die männliche. Daher können Bakterien leichter in die Blase gelangen und sich darin einnisten.

TIP!

Petersilie wirkt durch ihren reichen Gehalt an Kalium ebenfalls wassertreibend. Bereiten Sie einen Sud aus einem Eßlöffel gehackter Petersilie und zwei Tassen kochendem Wasser, und lassen Sie ihn zehn Minuten ziehen

Schwangere Frauen sollten keinesfalls mehr als einen Eßlöffel Petersilie pro Tag zu sich nehmen. Größere Mengen des in ihm enthaltenen Wirkstoffs Apiol können – neben Nerven- und Nierenbeschwerden – eine Frühgeburt auslösen!

Wenn Blasenentzündungen nicht richtig behandelt und vollständig ausgeheilt werden, können sie schnell chronisch werden. Besonders wichtig ist, reichlich zu trinken, um die Blase zu spülen.

Behandlung

▶ Trinken Sie täglich zwei Tassen Holunderblättertee mit Honig.

▶ Da Bakterien sehr säureempfindlich sind, empfiehlt sich eine Ansäuerung des Harns. Diese erreicht man, indem man bis zu fünfmal täglich zwei Teelöffel Ansatzessig aus Holunderblüten und -blättern in einem Glas Wasser einnimmt.

Brandwunden

Ob eine Brand- oder Brühverletzung durch den Arzt behandelt werden muß oder selbst versorgt werden kann, ist eine Frage der Ausdehnung und des Verletzungsgrades. Kleinere Brandwunden kann man gut zu Hause versorgen. Das Wichtigste dabei ist sofortiges Überspülen mit kaltem Wasser oder, noch besser, mit mildem Essig. Letzteres soll sogar die Narbenbildung verhindern.
Aber auch Holunderblätter wirken schmerzstillend und abschwellend.

TIP!

Ein etwas dünnflüssiger gekochter Brei aus Holunderblättern ist auch ein gutes Mittel gegen Sonnenbrand. Streichen Sie ihn direkt auf die geröteten Hautstellen. Nach einer Viertelstunde mit lauwarmem Wasser, dem Sie zwei Teelöffel Apfelessig beimischen, abwaschen.

Behandlung

▶ Zerquetschen Sie sechs bis acht frischgepflückte Blätter, und kochen Sie sie mit soviel Wasser auf, daß beim weiteren Zerstampfen oder Pürieren eine Paste entsteht. Lassen Sie den Brei erkalten, und streichen Sie ihn auf ein kalt-nasses Leintuch. Legen Sie diese Kompresse auf die verletzte Hautpartie. Sie sollte etwa 20 Minuten einwirken.

Bronchitis

Kinder mit Bronchitis müssen immer dem Arzt vorgestellt werden. Dasselbe gilt auch für Erwachsene, wenn die Bronchitis häufiger auftritt oder sogar chronisch geworden ist.

Der lästige, oft von Brustschmerzen und leichtem Fieber begleitete Bronchialkatarrh tritt häufig bei Erkältungen auf, entsteht aber auch durch Reizung der Bronchien beim Rauchen und ist zudem ein Symptom bestimmter Infektionskrankheiten wie zum Beispiel Masern, Keuchhusten oder Typhus. Die Entzündung der Schleimhaut der Bronchien führt zu einem quälenden Hustenreiz bis hin zum Erbrechen.
Anfangs ist der Husten meist hart und trocken; später bildet sich reichlich Schleim. Bei der Behandlung muß auf das jeweilige Stadium eingegangen werden.

Behandlung

▶ Bei trockenem Husten inhaliert man zwei- bis dreimal täglich mit Holunderblütentee aus einem Liter Wasser, einer Handvoll getrockneter Holunderblüten und vier Eßlöffeln Salz.
Hängen Sie zusätzlich nasse Hand- oder Leintücher im Krankenzimmer auf, die

Sie mit Holundertee getränkt haben. Erhöhte Luftfeuchtigkeit lindert die bei trockenem Husten auftretenden Atembeschwerden.

▶ Um den Auswurf zu fördern, trinken Erwachsene am Nachmittag ein bis zwei Tassen Holunderblütentee aus einem Teelöffel Blüten pro Tasse Wasser. Lassen Sie den Tee fünf Minuten ziehen.

Darmkatarrh

Das berühmt-berüchtigte Bauchgrimmen – der Darmkatarrh – ist meist die Folge einer Infektion oder Vergiftung durch verdorbene Lebensmittel. Meist wird er von unangenehmen Blähungen und einem aufgetriebenen Unterleib begleitet. Oberstes Gebot ist der rasche »Abtransport« des Darminhalts – und damit auch der krankmachenden Stoffe oder Erreger.

Außerdem helfen:

Wärmflaschen oder feuchte Leibwickel – durch die krampflösende Wärme

Kamille, Gänsefingerkraut, Kümmel, Süßholz (auch in Lakritze enthalten) – durch entkrampfende, entzündungshemmende und darmberuhigende Inhaltsstoffe

Behandlung

▶ In leichteren Fällen und bei Kindern hat sich Holundermus bestens bewährt. Nehmen Sie in stündlichen Abständen je einen Teelöffel davon ein.

▶ Bei heftigeren Beschwerden trinken Sie bis zu zwei Gläser (à 200 ml) lauwarmen Holunderbeersaft in kleinen Schlucken.

Darmbeschwerden, die mit länger andauernder Übelkeit und Erbrechen einhergehen, sollten immer von einem Arzt abgeklärt werden. Auch einem Verdacht auf Lebensmittelvergiftung muß in jedem Fall nachgegangen werden; sonst drohen ernsthafte gesundheitliche Schäden!

Erkältung

Die Bezeichnung »Erkältung« meint eine ganze Palette von Krankheitssymptomen: Gleichzeitiges Auftreten von Husten, Schnupfen, Fieber, Hals-, Kopf-, Ohren- und Gliederschmerzen und allgemeinem Unwohlsein sind Anzeichen einer Infektion, meist durch Viren. Körperliche Auskühlung bereitet nur den Boden dafür. Und ein geschwächtes Immunsystem setzt unsere Widerstandsfähigkeit gegen diese Erreger stark herab.

Der inzwischen nachgewiesene antivirale Effekt der Holunderbeeren macht diese bei Erkältungen so besonders wirksam. Und natürlich tragen auch die

HINWEIS

Immer wieder wird behauptet, das heilsame Schwitzen, das durch Holunderblütentee hervorgerufen wird, sei lediglich den großen Mengen heißen Wassers zuzuschreiben, die man seinem Körper im Verlauf der Kur zuführt. Diese Annahme ist irrig – obwohl es natürlich stimmt, daß Wärmeeinwirkungen das Schwitzen begünstigen. Aber: Bereits lauwarmer Holundertee wirkt schweißtreibend. Die in den Holunderblüten enthaltenen ätherischen Öle wie auch das Flavonglykosid Eldrin haben einen direkten Einfluß auf die Schweißerzeugung, was durch eine wissenschaftliche Studie über den Einfluß von Wärmereizen in Verbindung mit der Einnahme von Glykosiden aus Holunder-, Linden- und Kamillenblüten belegt wurde.

schweißtreibenden Eigenschaften des Holunders zur Besserung bei.
Weitere Tips finden Sie unter den Beschreibungen der verschiedenen Symptome.

Behandlung

- Sowie Sie das erste »Kribbeln« im Hals bemerken, sollten Sie mit einer Holunderbeersaft-Kur beginnen: Erhitzen Sie jeweils eine Tasse Holunderbeersaft, den Sie zur Hälfte mit Wasser verdünnen, fügen Sie den Saft einer halben Zitrone zu, und süßen Sie das Getränk mit Honig.
  Trinken Sie bis zum völligen Verschwinden aller Symptome täglich drei Tassen dieses Getränks.
- Auch eine Schwitzkur mit Holunderblütentee hilft hervorragend, eine Erkältung schon im Anzug zu stoppen: Trinken Sie über den Tag verteilt – aber hauptsächlich am Nachmittag – bis zu fünf Tassen Holunderblütentee aus zwei Teelöffeln getrockneter Blüten pro Tasse Wasser. Bleiben Sie im Bett liegen – strikte Bettruhe hilft dem Körper im Kampf gegen die Krankheitserreger sehr.
- Wer einen stabilen Kreislauf hat, kann die Wirkung der Holunderblütentee-Kur dadurch verstärken, daß er die erste Tasse Tee in einem heißen Bad sitzend trinkt. Anschließend gut abtrocknen und sofort ins Bett!

Erschöpfung

Chronische geistige und körperliche Erschöpfung ist in unserer »zivilisierten« Welt mittlerweile eher die Regel als die Ausnahme. Hektik, negativer Streß und auch eine unzureichende Versorgung mit wichtigen Biostoffen verursachen einen deutlichen Verlust an Elan und Vitalität. Tagsüber hetzen wir von einem Termin zum nächsten, essen zu fett, zu süß, zu salzig, zu viel – und wundern uns dann, wenn wir nachts schlecht schlafen. Aber auch gegen diese Probleme ist der Holunder gewachsen. Kann die Erschöpfung nicht mehr vermieden werden, hilft er gemeinsam mit anderen entspannenden Maßnahmen.

TIP!

Meiden Sie Zucker, Süßigkeiten und gesüßte Getränke. Essen Sie lieber mehr Vollkornprodukte, die Ihren Blutzuckerspiegel länger konstant – und Sie dadurch länger fit und vital – halten. Achten Sie darauf, genügend B-Vitamine zu sich zu nehmen, zum Beispiel in Form von Nüssen.

Behandlung

- Bei chronischen Erschöpfungszuständen hilft eine Holunderbeersaft-Kur über mindestens acht Wochen: Trinken Sie morgens und abends je ein Glas Holunderbeersaft aus frischen Beeren. Damit »tanken« Sie wertvolle Biostoffe. Verdünnen Sie den Saft nach Geschmack mit Mineralwasser oder Apfelsaft.
- Gönnen Sie sich dreimal pro Woche eine Ganzkörpermassage mit Holunderblüten-Massageöl. Vergessen Sie dabei auch Fußsohlen und Handflächen nicht: Hier verlaufen wichtige Nervenbahnen!

Wer sich nicht die Mühe machen will, selbst ein Holunder-Massageöl anzusetzen, kann es auch fertig kaufen: Die Firma Wala bietet unter dem Namen ›Malven-Haut- und Massageöl‹ ein sehr gutes Pflegemittel an.

Fieber

Fieber ist eigentlich eine Abwehrreaktion des Körpers auf verschiedene Störungen. Viele Krankheitserreger beispielsweise sind sehr anfällig gegen Temperaturschwankungen; schon ein einziges Grad mehr kann sie an der Vermehrung hindern. Daher ist die Erhöhung der Körpertemperatur durchaus sinnvoll. Man sollte deshalb nicht immer sofort die erhöhte Temperatur bekämpfen.

Zu hohes oder zu lange andauerndes Fieber dagegen belastet den Organismus sehr – unter Umständen weit mehr, als es nützt. Deshalb muß man jedoch nicht gleich zu Zäpfchen oder Pillen greifen. In der Volksmedizin hat sich auch in diesem Fall Holunder bewährt.

Dauert (bei Erwachsenen) Fieber länger als drei Tage oder steigt die Temperatur über 39,5 °C, sollte ein Arzt verständigt werden. Aber auch in diesem Fall ist eine Therapiebegleitung mit Holunder sinnvoll.

Behandlung

- Bei Anzeichen einer fieberhaften Erkältung kann man durch eine Holunderblütentee-Schwitzkur (siehe »Erkältung«) versuchen, die Krankheit gar nicht erst ausbrechen zu lassen.

TIP!

Fiebernde haben oft wenig Appetit. Es ist nicht nötig, sich zum Essen zu zwingen; man sollte aber darauf achten, viel zu trinken, um die Flüssigkeitsverluste auszugleichen.

▶ Ist das Fieber bereits da, füllt man die Badewanne zur Hälfte mit warmem Wasser, dem man einen Zusatz aus Holunderblütentee (acht Teelöffel Holunderblüten auf einen Liter Wasser) beifügt. Dann legt man sich in die Wanne und läßt langsam Kaltwasser zufließen, bis das gesamte Wasser lau genug ist, um leichtes Frösteln zu verursachen. Trocknen Sie sich anschließend gut ab, und legen Sie sich ins Bett!

Frostbeulen

Auch heutzutage ziehen sich manche durch Kälte bläulich oder weiß gefärbte, manchmal knotige Stellen an Fingern, Zehen oder Ohren zu. Starker Juckreiz und Schmerzen zeugen davon, wie sehr die Blutzirkulation in diesen Partien gestört ist.

TIP!

Enge Schuhe und Frostschäden an den Füßen vertragen sich ganz und gar nicht! Achten Sie darauf, schon ab dem Herbst Handschuhe und warme Socken oder Strümpfe zu tragen, denn bereits geschädigte Körperstellen sind sehr kälteempfindlich.

Behandlung

▶ Kochen Sie 30 Gramm getrocknete Holunderblüten in einem Liter Wasser zehn Minuten lang. Lassen Sie den Sud anschließend zehn Minuten ziehen, und füllen Sie ihn dann in eine Plastikschüssel. Stellen Sie eine zweite, mit kaltem Wasser gefüllte Schüssel daneben.

Nun baden Sie die frostgeschädigten Stellen abwechselnd je drei Minuten – erst im heißen, dann im kalten Wasser. Nach vier Durchgängen trocknen Sie die Haut gut ab und massieren vorsichtig eine gute Frostsalbe – zum Beispiel aus Lanolin mit Kampfer – ein.

Gerstenkorn

Beim Gerstenkorn handelt es sich um die Entzündung und anschließende Vereiterung einer Talgdrüse am Augenlid oder den Lidranddrüsen.

Gerstenkörner können mild irritierend bis stark schmerzhaft sein. Die betroffene Stelle ist stark gerötet und verdickt; das ganze Lid kann anschwellen.

TIP!

Auch wenn es noch so schwer fällt: Berühren Sie das Gerstenkorn nie mit dem Finger. Es könnte sonst wieder neu infiziert werden.

Behandlung

▶ Bereiten Sie einen Aufguß aus 25 Gramm Holunderblüten und einer Tasse kochendem Wasser; lassen Sie ihn zehn Minuten ziehen, und gießen Sie ihn dann durch einen Kaffeefilter. Mit diesem Sud tränken Sie ein Wattepad und legen es gut warm auf die entzündete Stelle. Lassen Sie das Pad liegen, bis es erkaltet ist. Anschließend das Lid mit lauwarmem Wasser abtupfen. Wiederholen Sie die Behandlung fünfmal täglich, bis das Gerstenkorn verschwunden ist.

Gicht

Diese teils in Schüben, teils chronisch verlaufende Krankheit kommt meist bei Männern zwischen 40 und 50 vor. Sie entsteht durch eine Stoffwechselstörung, durch die sich Salze in den Gelenken und ihrer Umgebung einlagern. Stark übergewichtige Männer leiden weit häufiger daran als normalgewichtige; die Krankheit kann auch erblich bedingt sein.
Gichtanfälle, die häufig nachts meist im Grundgelenk einer der großen Zehen auftreten, sind äußerst schmerzhaft. Das Gelenk schwillt stark und fühlt sich heiß an. Im weiteren Verlauf bilden sich Gichtknoten.
Die Krankheit muß immer durch einen Arzt behandelt werden, der eine spezielle Diät und Medikamente verordnen wird. Eine unterstützende Therapie mit Heilpflanzen – in Absprache mit dem Arzt – ist aber trotzdem sinnvoll. Da der Holunder eine stoffwechselanregende Wirkung hat, wird er seit jeher in der Volksmedizin gegen Gicht eingesetzt.

Wer regelmäßig Sport treibt, hilft seinem Stoffwechsel – und verringert damit auch das Risiko, an Gicht zu erkranken.

Behandlung

▶ Übergießen Sie zwei Teelöffel Holunderblüten mit einer Tasse kochendem Wasser, und lassen Sie den Tee fünf Minuten ziehen. Trinken Sie vor jeder Mahlzeit eine Tasse.

▶ Bei trägem Stuhlgang, gestörter Nierentätigkeit oder geschädigter Leber sollten Sie zusätzlich bis zu fünfmal täglich einen Eßlöffel Holunderbeermus oder 50 ml unverdünnten Holunderbeersaft zu sich nehmen.

Außerdem helfen:

Birkenblätter – die die Harnsäure-Ausscheidung fördern

Brennesseln – die den Stoffwechsel anregen

Bittersüß – das Entzündungen hemmt

Hämorrhoiden

Schlechte Ernährungsgewohnheiten wie auch eine überwiegend sitzende Lebensweise begünstigen das Auftreten von Hämorrhoiden: Dies sind Erweiterungen der analen Blutgefäße, die innerlich wie äußerlich sehr schmerzhafte Knötchen bilden und beim Aufbrechen stark bluten können.

Wichtig ist, schon beim ersten Anzeichen von Hämorrhoiden zu reagieren. Beim Stuhlgang sollte nicht zu stark gepreßt werden. Eine eventuelle Ernährungsumstellung (viel Ballaststoffe!) und mehr Bewegung beugen hartem Stuhl vor.

TIP!

Meiden Sie Weißbrot und scharf gewürzte Speisen; essen Sie lieber ab und zu eingeweichte Backpflaumen und Feigen, und greifen Sie zu ballaststoffreichem Vollkornbrot. Auch Leinsamen, die im Darm aufquellen, verhelfen zu einem weicheren Stuhlgang.

Behandlung

- Bereiten Sie für ein Sitzbad einen Aufguß aus 80 Gramm getrockneten Holunderblüten und einem Liter Wasser, und lassen Sie den Sud zehn Minuten ziehen. Nehmen Sie täglich zwei Sitzbäder.
- Schmerzstillend und kühlend wirkt auch eine Auflage aus frischen zerriebenen Holunderblättern, die Sie mit etwas Apfelessig oder Milch aufkochen und zu einer dicken Paste verrühren.

Halsschmerzen

Zu den unangenehmsten Begleiterscheinungen eines grippalen Infekts gehören die kratzenden Schmerzen im hinteren Rachenraum und Schluckbeschwerden. Meist sind dies Symptome einer Entzündung durch eine Virusinfektion.

Neueste wissenschaftliche Studien beschäftigen sich mit den erstaunlichen antiviralen Eigenschaften des Holunders. Man hofft sogar, sie irgendwann im Kampf gegen AIDS einsetzen zu können. Aber auch bei »ganz normalen« Halsschmerzen schaffen sie rasch die erwünschte Linderung.

Außerdem helfen:

Blutwurz – durch die adstringierende Wirkung der Gerbstoffe

Kamille – durch die entzündungshemmenden Inhaltsstoffe

Salzwasser – durch die desinfizierende Wirkung

Behandlung

▶ Kochen Sie 4 Teelöffel getrocknete Blüten in einer Tasse Wasser zwei Minuten lang; seihen Sie die Flüssigkeit ab, wobei die zurückbleibenden Blüten gut ausgedrückt werden sollten.
Gurgeln Sie mit dieser Lösung im akuten Stadium alle zwei Stunden. Nach dem Abklingen bis zum völligen Verschwinden der Halsschmerzen genügt es, zwei- bis dreimal täglich damit zu gurgeln.

▶ So seltsam es klingt: Gurgeln Sie mit dem frischgekochten, unverdünnten Saft von Holunderbeeren. Wie in den Blüten die Flavonoide, wirken auch die Anthocyane der Beeren antiviral.

Hautpflege

Auch über die Pubertät hinaus leiden viele Menschen unter mehr oder weniger häufig auftretenden Unreinheiten der Haut, besonders am oberen Rücken und dem Dekolleté. Da Schönheit bekanntlich von innen kommt, rühren diese kleinen Pickelchen und Rötungen meist von einem gestörten Stoffwechsel her; aber auch erbliche Veranlagung oder eine Unterversorgung mit wichtigen Vitaminen und Biostoffen können die Ursache sein.
Holunderblüten enthalten entzündungshemmende und klärende Wirkstoffe, die gereizte Haut beruhigen und glätten können.

Holunderblütenessig regt die Durchblutung reifer Haut an und hilft, den Säureschutzmantel zu erhalten. Klopfen Sie regelmäßig eine geringe Menge davon nach der Reinigung in die Gesichtshaut ein.

Behandlung

▶ Übergießen Sie 50 Gramm Holunderblüten mit einem Liter kochendem Wasser, zehn Minuten ziehen lassen und dem Badewasser zugeben.

TIP!

Ein Gesichtsdampfbad macht die Haut besonders aufnahmefähig für Packungen und Pflegemittel.

▶ Wenn Sie lieber duschen, gießen Sie dieses Konzentrat nach der normalen Wäsche – mit wenig Seife; besser noch mit alkalifreien Waschsubstanzen – langsam über die betroffenen Hautpartien und massieren es leicht ein. Anschließend mit klarem Wasser nachspülen.

▶ Bei unreiner Gesichtshaut sollte man sich ein- bis zweimal wöchentlich ein Gesichtsdampfbad mit Holunderblütenessig gönnen. Geben Sie dem kochendheißen Wasser sechs Eßlöffel des Ansatzessigs zu, und tupfen Sie die Haut nachher mit Gesichtswasser ab, um die Poren zu schließen.

TIP!

Vitamin C ist eines der wichtigsten Vitamine für gesunde, starke Knochen, also auch für Wirbelkörper. Ein Mangel macht sich nicht nur in Zahnfleischbluten, sondern auch durch Muskelschwäche bemerkbar. Essen Sie viel frisches Obst und Gemüse, oder nehmen Sie regelmäßig zweimal täglich ein halbes Meßlöffelchen Ascorbinsäure zu sich.

▶ Ein hauterfrischendes Gesichtswasser läßt sich aus 100 Gramm getrockneten Blüten, 4 getrockneten Blättern und einem Liter destilliertem Wasser selbst herstellen. Kochen Sie alles zusammen kurz auf, lassen Sie den Sud aber nicht ziehen, sondern gießen Sie ihn sofort durch einen Kaffeefilter ab.

Hexenschuß

Unter dieser Bezeichnung versteht man meist eine plötzlich auftretende, schmerzhafte Verschiebung einer Bandscheibe der Lendenwirbelsäule mit einer Verhärtung der betreffenden Muskulatur – was jede Bewegung des Rückens zur Qual macht.

Wärmebehandlungen, Schwitzkuren und Einreibungen helfen hier meist ebenso gut wie antirheumatische Medikamente.

Behandlung

▶ Erhitzen Sie ein mit Holunderblüten gefülltes Kräuterkissen, und belassen Sie es bis zum Auskühlen am Hauptpunkt des Schmerzes.

▶ Machen Sie eine Schwitzkur mit Holunderblütentee (zwei Teelöffel auf eine Tasse Wasser, bis zu fünfmal am Tag, vorwiegend aber nachmittags getrunken). Geben Sie je einen halben Meßlöffel Ascorbinsäure zu dem Tee.

▶ Nehmen Sie zweimal täglich 50 ml Holunderbeersaft unverdünnt ein, am besten morgens und abends vor den Mahlzeiten.

TIP!

Wer Sommerabende gern auf der Terrasse genießt, sollte einige Holunderzweige in einer Vase auf den Tisch stellen. Reiben Sie die Blätter leicht an. Der Geruch – den wir kaum wahrnehmen – ist vielen Insekten sehr zuwider!

Insektenstiche

Wer in der Nähe von einem See oder Fluß wohnt, weiß ein Lied von der Qual durch Mücken zu singen. Und wohl jeder wird wenigstens einmal im Sommer von einer Wespe oder anderen kleinen Plagegeistern gepiekst. Das Stechen kann man zwar mit Holunder nicht vermeiden, aber wenigstens verspricht er Linderung.

Behandlung

▶ Zerreiben Sie ein frisches Holunderblatt mit dem Saft einer Zwiebelscheibe, und bedecken Sie Stiche von Mücken, Wespen oder Bienen oder damit.

Ischiasbeschwerden

Diese Erkrankung, bei der über den Ischiasnerv heftige ziehende Schmerzen über die Rückseite der Beine bis hinunter zu den Füßen ausstrahlen, wird keineswegs immer durch Bandscheibenvorfälle ausgelöst, sondern kann auch durch Infektionen und Entzündungen entstehen. Die B-Vitamine sind die sogenannten »Nervenvitamine«. Holunderbeeren enthalten mehr Vitamin B_1 als Spinat, Erbsen, Linsen, Haselnüsse, Getreidekeimlinge oder sogar Hefe!

TIP!

Auch ein Besuch beim Chiropraktiker kann bei Ischiasbeschwerden hilfreich sein, sofern diese von Wirbelverrenkungen herstammen. Er wird durch Drehstreckungen versuchen, die Wirbelkörper wieder in die richtige Lage zu bringen.

Holunderbeeren enthalten reichlich B-Vitamine, die den Glukosestoffwechsel und die Energieversorgung der Nervenzellen beeinflussen.

Behandlung

▶ Trinken Sie kurmäßig täglich dreimal je 30 ml unverdünnten Holunderbeersaft mit je einem halben Teelöffel kaltgepreßtem Pflanzenöl.

Kopfschmerzen

Kopfschmerzen haben ebenso viele Ursachen wie Erscheinungsformen. In der Volksmedizin werden sowohl der Saft der Beeren wie auch die frischen Blätter des Holunders eingesetzt.

Die gegen Kopfschmerzen wirkenden Kräuter Arnika und Johanniskraut gibt es auch als Tinkturen in der Apotheke zu kaufen. Für Umschläge wird die Arnikatinktur im Verhältnis 1:1, die Johanniskrauttinktur im Verhältnis 1:2 verwendet.

Behandlung

▶ Wer zu Kopfschmerzen neigt, sollte Holunderbeersaft – je ein Glas täglich, verdünnt mit Mineralwasser – kurmäßig vorbeugend anwenden.

▶ Bei akuten Kopfschmerzen zerreibt man sechs bis acht frische Holunderblätter mit der gleichen Menge frischer Pfefferminzblätter und schlägt die Masse in ein kaltfeuchtes Tuch ein. Diesen Umschlag legt man über Stirn und Schläfen.

Außerdem helfen:

Johanniskraut – durch Entspannung des ganzen Nervensystems

Baldrian – wirkt beruhigend und entspannend

Pfefferminzöl – wirkt direkt auf die schmerzleitenden Nerven

Leberbeschwerden

Die Leber ist die größte Drüse bei Mensch und Tier. Sie dient dem Zucker-, Fett- und Eiweißstoffwechsel und entgiftet den Körper.
Bei Leberentzündungen – meist durch Viren – entstehen ein Druckgefühl durch die vergrößerte Leber, Müdigkeit, manchmal Symptome eines grippalen Infekts. Im fortgeschrittenen Stadium färbt sich zuerst die Augenbindehaut gelb und dann auch die Haut des gesamten Körpers. Bei viralen Leberentzündungen muß in jedem Fall ein Arzt aufgesucht werden. In Absprache mit dem Arzt können Sie aber mit einfachen Mitteln den Heilerfolg unterstützen.

TIP!

Auch kalte – oder warme – Umschläge mit Holunderblütentee sind bei Leberbeschwerden hilfreich. Stellen Sie die Ernährung auf gut verträgliche, leichte Kost um!

Behandlung

- Bereiten Sie einen Holunderblütentee: 50 Gramm Blüten werden mit einem Liter Wasser aufgekocht. Man läßt sie nur gerade eben einmal aufwallen und gießt sie dann, ohne sie ziehen zu lassen, sofort durch einen Kaffeefilter ab.
Von diesem Tee trinkt man ohne weitere Zusätze jeden Morgen eine Tasse auf nüchternen Magen.
- Trinken Sie täglich bis zu drei Gläser Holunderbeersaft, mit Mineralwasser oder anderen Säften verdünnt.
- Bei Stuhlverhalten nimmt man täglich mehrmals einen bis drei Eßlöffel Holunderbeermus aus den frischen Beeren zu sich.

Lungenerkrankungen

Vom fachkundigen Arzt behandeln lassen!

Alle Arten von Erkrankungen der Lunge müssen von einem fachkundigen Arzt behandelt werden! Da sich jedoch sowohl die Blüten wie auch die Beeren in der Lungenheilkunde – bis hin zur Tuberkulose – seit langem sehr bewährt haben, wird eine therapiebegleitende Kur mit Holunder vom Arzt sicher befürwortet.

TIP!

Atemübungen und Spaziergänge an der frischen Luft wirken lungenkräftigend. Achten Sie aber bei Frost darauf, nur durch die Nase zu atmen, um die Luft anzuwärmen, ehe sie in die Lungen kommt.

Behandlung

▶ Bei beginnender Lungenentzündung, starkem Husten, Keuchhusten sowie zur Behandlung von Tuberkulose wird Holunderblütentee – zwei Teelöffel Holunderblüten pro Tasse Wasser – nachmittags (bis zu drei Tassen) getrunken. Süßen Sie mit Honig, um den antibakteriellen und entzündungshemmenden Effekt zu verstärken!

▶ Ebenfalls bei Tuberkulose, aber auch zur Vorbeugung bei Lungenschwäche, sollte kurmäßig über mindestens acht Wochen täglich dreimal ein Glas Holunderbeersaft getrunken werden.

Masern (Morbilli)

Plinius der Jüngere heilte Masern angeblich dadurch, daß er die bedauernswerten Kranken mit Holunderzweigen »peitschte«. Heute wird mehr auf die schweißfördernde Wirkung des Blütentees vertraut, die für eine verstärkte Ausscheidung von Krankheitserregern und Linderung des Hustens sorgt.

Vor Einführung der Masernimpfung waren vorwiegend Kinder von der Infektion mit dem Masernvirus betroffen; besteht dieser Impfschutz nicht, kann die Krankheit aber auch noch bei Jugendlichen und Erwachsenen auftreten – je später dies geschieht, desto schwerer ist der Krankheitsverlauf. Selbstverständlich ist auch hier der Arzt zu verständigen. Die Krankheit muß sehr sorgfältig behandelt werden, da sie schwere Lungen- oder Mittelohrentzündungen nach sich ziehen kann.

TIP!

Um den gefürchteten schweren Folgekrankheiten der Masern von vornherein zu begegnen, verordnen viele Ärzte bei Masern ein Antibiotikum. Geben Sie dem Kranken möglichst Holundersäfte (verdünnt) und -marmeladen; die enthaltenen Flavonoide und Vitamine werden helfen, die durch das Antibiotikum verursachten Störungen im Körper geringzuhalten!

Masern müssen von einem Arzt behandelt werden! Die Inkubationszeit beträgt 10–12 Tage; während dieser Zeit darf ein masernkrankes Kind weder zur Schule gehen noch Besuch von seinen Freunden bekommen!

Behandlung

- Geben Sie masernkranken Kindern bis zu dreimal täglich – besonders in der zweiten Tageshälfte – Holunderblütentee aus einem Teelöffel getrockneter Blüten auf eine Tasse Wasser. Erwachsene verdoppeln die Blütenmenge und trinken bis zu fünf Tassen pro Tag.
- Waschen Sie den ganzen Körper täglich mindestens einmal mit lauwarmem Wasser, dem Sie pro Liter zwei Eßlöffel Holunderblütenessig zusetzen. Auch nach Abheilen der Masern, wenn sich die Haut schuppt, sind Waschungen mit Zusätzen von Holunderblüten angenehm und hautberuhigend.
- Spülen Sie den Mund mehrmals täglich mit einem Absud aus 10 Gramm Blüten auf einen Liter Wasser. Kurz aufkochen, dann abseihen und erkalten lassen.

Neuralgien

Neuralgien sind schmerzhafte Erkrankungen der Nerven, die grundsätzlich von einem Arzt abgeklärt werden sollten. Berühmt-berüchtigt ist die Trigeminus-Neuralgie, bei der der fünfte Gehirnnerv betroffen ist, der sich vor seinem Austritt aus dem Gehirn in drei Äste – Stirn- und Augenast, Oberkieferast und Unterkieferast – teilt. Es kommt zu heftigen Schmerzen in einer Gesichtshälfte und manchmal zu Einschränkungen des Sehvermögens.
Durch Holunderbeersaft-Kuren während dieser gefürchteten Neuralgie sollen bereits dauernde Heilerfolge erzielt worden sein.

Außerdem helfen:

Arnika – in Form von Umschlägen (viermal pro Tag) durch schmerzstillende und entzündungslindernde Effekte

Johanniskraut – in Form von Tee (dreimal täglich), der direkt auf die Signalübermittlung der Nerven wirkt

Kombinieren Sie beide Heilkräuter-Anwendungen mit der oben beschriebenen Holunderbeersaft-Kur!

Behandlung

- Trinken Sie jeweils morgens und abends 30 ml unverdünnten, dickflüssigen Holunderbeersaft. Führen Sie diese Kur über mindestens acht Wochen durch.

Niedriger Blutdruck

Wer unter Müdigkeit, Antriebsschwäche, Schwindelgefühlen und häufigen Kopfschmerzen leidet, sollte seinen Blutdruck überprüfen lassen; all das sind Symptome eines zu niedrigen Blutdrucks.

TIP!

Um mehr Chrom mit der Nahrung aufzunehmen, sollten Sie öfter Leber, Vollkornprodukte und Pilze verzehren. Auch Muskelfleisch enthält das wichtige Spurenelement.

Die Ursachen sind manchmal Nährstoffmangel, zuwenig Bewegung, Streß und ein niedriger Blutzuckerspiegel.
Zusammen mit dem Spurenelement Chrom spielt besonders der Vitamin-B-Komplex (vor allem das Niazin) eine wichtige Rolle bei der Stabilisierung des Glukosespiegels. Holunder ist einer der Hauptlieferanten von Niazin. Daher wirken kurmäßige Anwendungen von Holunderbeersaft zu niedrigem Blutdruck entgegen.

Als Kur bei niedrigem Blutdruck und zur Blutbildung trinkt man sechs bis acht Wochen lang täglich zwei- bis dreimal 50 ml Holunderbeersaft unverdünnt.

Behandlung

- Trinken Sie kurmäßig für mindestens acht Wochen täglich bis zu drei Gläser verdünnten Holunderbeersaft.
- Verwenden Sie auch häufiger Holunderbeeren zum Kochen.

Nierenbeschwerden

Unsere Nieren sind hochempfindliche Organe, die für die Reinigung unseres Blutes und die Produktion von Harn zuständig sind. Infektionen greifen sie an, Kälte schadet ebenfalls; darum sollte die Nierengegend stets gut warm gehalten werden.
Wer Schmerzen in der Lendenwirbelgegend – auch bis in die Leisten – hat, häufiger als sonst uriniert und beim Harnlassen ein Brennen verspürt oder gar Blut darin entdeckt, sollte umgehend einen Urologen aufsuchen. Eine chronische Nieren- oder Nierenbeckenentzündung ist eine sehr ernstzunehmende Erkrankung!
Wichtig ist es in jedem Fall, möglichst viel zu trinken, um Nieren und Blase durchzuspülen und soviele Krankheitserreger wie möglich mit dem Urin auszuscheiden. Trinken Sie reichlich verdünnte Fruchtsäfte, Tees oder Wasser.
Holunderblättertee wird wegen seiner harntreibenden Wirkung bei Nierenleiden seit langem erfolgreich in der Volksmedizin eingesetzt.

Behandlung

▶ Kochen Sie sechs bis acht einzelne, möglichst frische Holunderblätter eine Viertelstunde lang in einem Liter Wasser, dann abseihen. Von diesem Tee – gesüßt mit Honig, und mit etwas Zitronensaft verfeinert – trinken Sie drei Tassen pro Tag.

TIP!

Manche Blutreinigungs- oder Nierentees enthalten ebenfalls Holunderblätter. Achten Sie darauf, die angegebene Dosierung nicht zu überschreiten.

Ohrenschmerzen

Lassen Sie die Ursache von Ohrenschmerzen immer vom Arzt abklären: Eine unerkannte – und nicht richtig behandelte – Mittelohrentzündung kann auf das Innenohr übergehen und schwere Schädigungen verursachen!

Erkrankungen des äußeren Gehörgangs – durch eindringende Bakterien, durch Furunkel oder Ekzeme – sind meist mit Schmerzen oder quälendem Juckreiz verbunden. Am besten eignen sich hier Blüten-Zubereitungen des Holunders. Achtung: Im Zweifel auch hier lieber sofort einen Hals-Nasen-Ohren-Arzt aufsuchen.

Behandlung

▶ Bei Ohrenschmerzen kocht man aus 80 Gramm getrockneten Holunderblüten und einem halben Liter Wasser einen Absud, läßt ihn zehn Minuten ziehen und filtert ihn dann durch einen Kaffeefilter ab. Dieser Absud wird mittels einer Pipette lauwarm bei schiefgelegtem Kopf in das schmerzende Ohr geträufelt. Lassen Sie ihn zwei, drei Minuten einwirken, und wenden Sie dann den Kopf auf die andere Seite, um die Flüssigkeit wieder herausrinnen zu lassen. Wiederholen Sie diese Behandlung mehrmals täglich.

▶ Juckende Ekzeme in der Ohrmuschel betupft man wiederholt mit einer Mischung aus zwei Teelöffeln Holunderblütenessig und einer Tasse Wasser. Man kann diese Mischung ebenfalls mittels Pipette in den Gehörgang einträufeln und nach zwei bis drei Minuten wieder herausrinnen lassen.

TIP!

Misteltinktur, innerlich angewandt, verbessert die Sauerstoffversorgung im Innenohr, was auch bei Ohrenschmerzen von Vorteil sein kann. Wer jedoch an niedrigem Blutdruck leidet, sollte mit Mistelzubereitungen vorsichtig sein, da sie blutdrucksenkend wirken.

Rheumatische Erkrankungen

Die Bezeichnung »Rheuma« – die eine ganze Palette von Erkrankungen des Bewegungsapparates einschließt – kommt aus dem Griechischen: Rheuma bedeutet Fluß. Und es sind ja besonders die »fließenden« Schmerzen, die diese Erkrankungen gemeinsam haben.

Holunder wird von alters her mit Erfolg gegen rheumatische Beschwerden eingesetzt. Seine Inhaltsstoffe verbessern die Fließeigenschaften des Blutes und wirken stoffwechselfördernd und entschlackend.

Außerdem helfen:

Löwenzahn – durch das entzündungshemmende Taraxin und die stark entwässernde Wirkung

Wacholdertinktur – zu gleichen Teilen mit Wasser gemischt als schmerzlindernde, feucht-heiße Umschläge.

Bittersüß – als Tee dank dem entzündungshemmenden Solasodin

Behandlung

▶ Mischen Sie Schlehenblüten, Veilchenkraut und Holunderblüten zu gleichen Teilen. Übergießen Sie einen Teelöffel der Mischung mit einer Tasse siedendem Wasser und lassen den Absud zehn Minuten ziehen. Trinken Sie täglich morgens und abends je eine Tasse.

▶ Nehmen Sie heiße Bäder mit einem Zusatz von Fichtennadeln und Holunderblüten zu gleichen Teilen. Hängen Sie die Kräutermischung in einem Leinensäckchen ins einlaufende Wasser, und lassen Sie sie während der Dauer Ihres Bades darin liegen.

Schwitzkur zur Entschlackung.

▶ Für eine Schwitzkur zur Entschlackung und Ausscheidung von Krankheits- und Giftstoffen bereiten Sie Tee aus zwei Teelöffeln Holunderblüten pro Tasse und trinken bis zu fünf Tassen täglich, besonders in der zweiten Tageshälfte.

Schnupfen

Selbst die Schulmedizin bedient sich bei Schnupfen und Nebenhöhlenkatarrhen der Wirkstoffe des Holunders: Sinupret, eines der am häufigsten verwendeten Medikamente gegen Rhinitis und Sinusitis, enthält Extrakte aus Holunderblüten. Eine 1997 veröffentlichte Doktorarbeit an der Universität

Mit Nasentropfen und -sprays gegen Schnupfen sollte man sehr sparsam umgehen: Erstens trocknen sie die Nasenschleimhäute aus, und zweitens gewöhnen sich diese so schnell an die abschwellende Substanz, daß ein chronischer Schnupfen entstehen kann!

Regensburg belegte sogar die sekretolytische Wirkung der Holunderblüten auf die Verflüssigung zähen Bronchialschleims sowie des Schleims in den Nebenhöhlen bei Schnupfen! Man darf dem guten alten Hausmittel Holunderblütentee also weiterhin vertrauen!

Behandlung

- Trinken Sie täglich bis zu fünf Tassen Holunderblütentee aus zwei Teelöffeln Holunderblüten pro Tasse Wasser. Brühen Sie den Tee mit kochendem Wasser auf, und lassen Sie ihn fünf Minuten ziehen.
- Machen Sie sich die antiviralen Eigenschaften des Holunderbeersaftes zunutze, und trinken Sie reichlich davon. Dadurch mobilisieren Sie gleichzeitig auch Ihre Abwehrkräfte.

TIP!

Auch der Schwitzeffekt des Holunderblütentees ist bei Schnupfen zu begrüßen. Und nehmen Sie heiße Bäder: Viren mögen Hitze nämlich nicht.

Köstlichkeiten mit Holunder

Nicht nur in der Heilkunst, auch in der Küche zeigen Holunderblüten und -beeren ihre Vielseitigkeit. Ob als erfrischende Getränke, als pikante Beilagen oder herrlich fruchtige Konfitüren, Kaltschalen, Kuchen und Sorbets – Holunder ist immer ein Genuß.

Dank seines außerordentlich reichen Gehalts an Aminosäuren – von denen über 50 Prozent zu den essentiellen gehören –, aber auch durch seine Vitamine, Mineralien und die wertvollen Anthocyane gehört Holunder zu den gesündesten Nahrungsmitteln überhaupt. Wer auf richtige Ernährung Wert legt und viele Erkrankungen gar nicht erst entstehen lassen will, sollte Holunder in den täglichen Speiseplan aufnehmen.

Der folgende Rezeptteil erhebt keinerlei Anspruch auf Vollständigkeit; er will lediglich Anregungen geben – und Ansporn sein, die Phantasie spielen zu lassen und neue kulinarische Entdeckungen zu machen.

Getränke

Hollersekt

Zutaten:

5 l Wasser	*3 Zitronen*
6 vollerblühte Holunderdolden	*1 Glas Obstessig*
625 g Zucker	*12 Gewürznelken*

Zubereitung:

Wasser abkochen; erkaltet in einen großen Glas-, Steingut- oder Porzellanbehälter füllen. Die gut abgebrausten Holunderblüten, den Zucker, die in Scheiben geschnittenen Zitronen und den Obstessig hinzufügen. Gut umrühren.

Von nun an wird das Gemisch zwei Wochen lang täglich gut umgerührt. Anschließend durch ein sauberes Tuch abseihen und in Flaschen füllen. Dabei muß der Flaschenhals frei bleiben. Weitere zwei Wochen kühlstellen.

TIP!

Drücken Sie die Korken anfangs nur zur Hälfte in die Hollersekt-Flaschen. Erst später sollten Sie sie nachdrücken und eventuell auch mit Draht sichern.

Holunderpunsch

Zutaten:

1/2 l schwarzer Tee
2 Stangen Zimt
4 Gewürznelken
Schale einer ungespritzten Zitrone
1 l Holunderbeersaft
eventuell Honig oder Farinzucker

Zubereitung:

Kochen Sie aus Tee, Zimt, Gewürznelken und der Zitronenschale eine kräftige Punsch-Essenz, und mischen Sie diese mit dem Holunderbeersaft. Nun verdünnen Sie nach Geschmack mit Wasser und süßen mit Honig oder Farinzucker. Heiß genossen ein Getränk, das an trüben Wintertagen Körper und Seele wärmt!

Feiner Holunderlikör

Zutaten:

1 l Wasser
1 kg vollreife Holunderbeeren
10 Zwetschgen mit Stein
500 g Zucker, Schale einer unbehandelten Zitrone
3 Nelken, 1 Zimtstange
1 Vanilleschote
(ersatzweise guter Vanillezucker)
1/4 l Rum
1/4 l Wodka

Verwenden Sie stets nur gut verlesene, vollreife Beeren. Diese enthalten weit weniger schädliches Sambunigrin und sind wesentlich ergiebiger und saftreicher als die noch rötlichen, halbreifen Beeren.

Zubereitung:

Wasser mit gewaschenen und verlesenen Holunderbeeren und Zwetschgen eine Viertelstunde kochen lassen; dann abseihen. Nun Zucker, Zitronenschale, Nelken, Zimtstange und Vanilleschote hinzufügen. Das Ganze eine weitere halbe Stunde köcheln. Anschließend durch ein Tuch filtern und abkühlen lassen.

Nach dem völligen Erkalten Rum und Wodka hinzufügen. Den Likör in Flaschen füllen, gut verschließen und kühl aufbewahren.

Holunderschnaps

Zutaten:

1 kg vollreife Holunderbeeren	*1 Stange Zimt*
1 l Doppelkorn	*1/2 l Wasser*
1 Messerspitze Muskatblüte	*750 g brauner Kandis*
4 Gewürznelken	*2 EL Honig*

Zubereitung:

500 g der Holunderbeeren zu Saft pressen. Mit den restlichen Früchten mischen. Doppelkorn und Gewürze hinzufügen. Das Gefäß gut verschließen und alles zwei Wochen lang an einem dunklen Platz gut durchziehen lassen.

Dann das Wasser mit Kandiszucker und Honig kräftig durchkochen lassen und abschäumen. Nach dem Abkühlen in die Holunderbeermischung einrühren. Einige der Beeren zur Dekoration beiseitelegen; alles andere zweimal durch ein Tuch seihen und dabei leicht auspressen.

Nun den Holunderschnaps in Flaschen füllen. Jeweils einige der zurückbehaltenen Beeren zufügen, gut verschließen und kühl aufbewahren.

Holunderblütensirup

Zutaten:

1 kg vollerblühte Holunderblütendolden	*4 l Wasser*
3 kg Zucker	*50 g Zitronensäure*

Zubereitung:

Holunderblüten waschen, trocknen lassen und grob entstielen. In eine große Schüssel geben.

Zucker mit Wasser aufkochen und abschäumen. Die Zitronensäure einrühren; alles über die Holunderblüten gießen. Über Nacht stehen lassen. Dann Abseihen, nochmals aufkochen und in saubere Flaschen füllen. Noch kochendheiß verschließen. Kühl lagern.

Dieser Sirup ergibt eine vorzügliche Basis für kalte Erfrischungsgetränke. Oder man verfeinert heißen Tee damit.

Auch die Holunderblüten enthalten den Übelkeit erregenden Stoff Sambunigrin. Die Mengen sind jedoch so gering, daß der Verzehr der Blüten auch bei empfindlichen Menschen als völlig risikolos gilt.

Holundergrog

Zutaten für vier Gläser:

2 ganze, unbehandelte Zitronen
400 ml Holunderbeersaft
8 TL Honig
2 Gewürznelken
8 EL Whisky

Zubereitung:

Eine Zitrone in acht dünne Scheiben schneiden; die andere auspressen. Mit Holunderbeersaft, Honig und Gewürznelken verrühren; erhitzen. Anschließend auf vier Gläser verteilen. Je 2 EL Whisky und 2 Zitronenscheiben hinzufügen. Heiß servieren.

Suppen und Kaltschalen

Holunderblüten-Kaltschale

Zutaten:

300 g vollerblühte Holunderdolden
1 l Milch
100 g Zucker
1 Messerspitze gemahlener Ingwer
3 Eigelb
2 EL Speisestärke

Zubereitung:

Blüten verlesen, abbrausen und von den Stielen zupfen. Nur kurz in der kochenden Milch ziehen lassen; dann durch ein Haarsieb passieren. Zucker und Ingwer zufügen, Eigelb einrühren, mit der angerührten Speisestärke binden. Erkalten lassen und eisgekühlt servieren.

Fliederbeersuppe mit Schwänchen

Zutaten:

2–3 säuerliche Äpfel
Saft und Schale einer halben Zitrone
500 g Holunderbeeren
1 l Wasser
2 EL Sago
3 EL Zucker
eventuell 1 EL Rum (ersatzweise 3 Tropfen Rumaroma)
3 Eiweiß

Zubereitung:
Äpfel schälen, vom Kerngehäuse befreien und in dünne Scheiben schneiden. Sofort mit Zitronensaft beträufeln. Holunderbeeren grob entstielen; mit kleingeschnittenen Apfelschalen, Zitronenschale und Wasser etwa 10 Minuten kochen. Durch ein Sieb streichen. Den entstandenen Saft aufkochen. Unter Rühren Sago einstreuen. Bei geringer Hitze 15 Minuten leise köcheln lassen. Erst dann die Apfelscheibchen in die Suppe geben und knapp garkochen. Mit Zucker und Rum abschmecken.
Das Eiweiß mit etwas Zucker zu Schnee schlagen; mit dem Löffel kleine »Schwänchen« abstechen und kurz auf der kochenden Suppe garziehen lassen.

TIP!

Fliederbeersuppen schmecken auch sehr gut mit kleinen Grieß- oder Schwemmklößchen darin. Dazu die Klößchen in Salzwasser garen und erst dann in die Suppe geben.

Das besonders in Schale und Kerngehäuse von säuerlichen Äpfeln reichlich enthaltene Pektin sorgt für gutes Gelieren von Marmeladen und Konfitüren. Darüber hinaus ist es in der Lage, den Cholesterinspiegel im Blut zu senken.

Holunderfleisch

Zutaten:

250 g grüne Äpfel
1 kg vollreife, entstielte, gewaschene Holunderbeeren
625 g Zucker
Saft einer großen Zitrone
knapp 1/2 TL gemahlener oder geriebener Ingwer

Zubereitung:
Äpfel schälen und vom Kerngehäuse befreien; in Würfelchen schneiden. Mit den Holunderbeeren und dem Zucker mischen und über Nacht an einem kühlen Platz durchziehen lassen.
Schalen und Kerngehäuse der Äpfel mit dem Zitronensaft in wenig Wasser zugedeckt etwa 12 Minuten dünsten. Das Gemisch durch ein Haarsieb passieren und zu den Beeren und Apfelwürfeln geben. Eine weitere Nacht kühl stellen.

TIP!

Wer einen Vorrat an Holunderfleisch im Haus hat, kann auch an kalten Wintertagen, wenn es keine frischen Beeren mehr gibt, mit einer vitaminreichen Fliederbeersuppe oder Puddingsauce aufwarten!

Leider gehen durch das Erhitzen beim Einkochen große Mengen Vitamin C verloren. Da es zusätzlich lichtempfindlich ist, sollten Sie Ihre Vorräte nicht nur kühl, sondern auch dunkel aufbewahren.

Tags darauf wird das Fruchtgemisch unter ständigem Rühren in etwa 20 bis 25 Minuten dicklich eingekocht, dann mit dem Ingwer gewürzt und noch kochendheiß in saubere Gläser gefüllt und luftdicht verschlossen. Nach dem Erkalten kühl und trocken lagern.

Eingemachtes

Holunder-Apfel-Konfitüre

Zutaten:

750 g vollreife, entstielte Holunderbeeren
1 kg säuerliche entkernte Äpfel
2 kg Zucker
1 kleine Flasche Geliermittel mit separater Zitronensäure

Zubereitung:

Holunderbeeren gut waschen und verlesen.

Die Äpfel schälen, vom Kerngehäuse befreien und grob in einen Topf raspeln. Zucker, Zitronensäure und Holunderbeeren zufügen; über Nacht Saft ziehen lassen.

Anschließend unter ständigem Rühren rasch zum Kochen bringen. Eine Minute wallen lassen. Das Geliermittel einrühren und alles nochmals gut aufkochen lassen. Sofort in saubere Gläser füllen und verschließen. Kühl lagern.

Holunder-Birnen-Konfitüre mit Schälnüssen

Zutaten:

1 kg Birnen
1 kg Holunderbeeren
300 g Grümmel (brauner Zucker)
Saft einer Zitrone
2 Stangen Zimt
300 g frische, noch ungetrocknete Walnüsse

Zubereitung:

Die Birnen schälen und in kleine Stücke schneiden.

Die Holunderbeeren gut verlesen. Mit den Birnen mischen. Grümmel, Zitronensaft und Zimtstangen hinzufügen und alles bei milder Hitze dicklich einkochen lassen. Dabei immer wieder umrühren.

Inzwischen die frischen Walnüsse von den braunen Häutchen befreien. Die geschälten Nüsse grob hacken, in den letzten beiden Minuten im Mus mitkochen lassen. Zimtstangen entfernen; das fertige Mus kochendheiß in Gläser füllen. Diese sofort verschließen. Kühl lagern.

Holunder-Pflaumen-Mus

Zutaten:

1,5 kg Pflaumen
1,5 kg Holunderbeeren
1 kg Gelierzucker
1 Msp. gemahlene Gewürznelken
1 Zimtstange

Zubereitung:

Die Pflaumen werden gewaschen, entsteint und anschließend im Mixer fein zerkleinert. Dieses Fruchtmus wird nun mit den gewaschenen und gut verlesenen Holunderbeeren gemischt und mit dem Gelierzucker verrührt. Nun fügt man die Zimtstange sowie die gemahlenen Gewürznelken zu und bringt die Masse in einem möglichst weiten, flachen Topf zum Kochen. Unter Umrühren etwa 40 Minuten kochen lassen.
Dann die Zimtstange herausnehmen und das fertige Mus in saubere Gläser füllen; sofort luftdicht verschließen.

TIP!

Wer sich an den kleinen Holunderkernen stört, treibt das fertige Mus durch ein feines Sieb und erhitzt es anschließend nochmals bis zum Kochen.

Holunderbeeren lassen sich problemlos entstielen, wenn man sie mit einer Gabel von den Dolden streift.

Holunder zum Hauptgericht

Holdereprägel

Holdereprägel sind eine Schweizer Spezialität, zu der man Milchkaffee oder Tee serviert.

Zutaten:

1200 g Holunderbeeren
200 ml Wasser
200 g Zucker
Zimt nach Geschmack
Salz
50 g Mehl
100 ml Milch
3 Brötchen
2 EL Butter

Zubereitung:
Holunderbeeren waschen und verlesen; mit Wasser, Zucker, Zimt und einer Prise Salz zum Kochen bringen. Mehl mit kalter Milch klümpchenfrei verquirlen und zum Holunder geben. Etwa zehn Minuten leise durchkochen lassen.
Inzwischen die Brötchen (ersatzweise Weißbrotscheiben) in kleine Würfel schneiden und in heißer Butter goldbraun rösten.
Kurz vor dem Servieren über die Fruchtmasse streuen.

Holunderbeersauce

Zutaten:

6 Schalotten	*1/4 l Rotwein*
2 Bund Suppengrün	*1/2 l kräftige Brühe*
1 Prise Zucker	*1–2 EL Speisestärke*
1 Lorbeerblatt	*1/8 l Holunderbeersaft*
1 EL gerebelter Thymian	*Salz*
4 EL Butter	*Pfeffer*

Achtung: Holunderflecken auf der Kleidung müssen unbedingt erst mit Zitronensaft behandelt werden, ehe man sie mit Waschpulver wäscht. Wer das versäumt, hat bleibende blaue Erinnerungen!

Zubereitung:
Schalotten und Suppengrün sehr fein hacken. Zusammen mit der Prise Zucker und den Gewürzen in heißer Butter andünsten; mit Rotwein und Brühe ablöschen. Die Sauce 20 Minuten köcheln und dabei um etwa ein Drittel reduzieren.
Nun die Speisestärke mit dem Holunderbeersaft verrühren und in die Sauce geben; gut aufkochen lassen. Mit Salz und Pfeffer abschmecken.

TIP!

Diese Sauce schmeckt köstlich zu Rehkoteletts und Hasenrücken. Oder schmoren Sie doch auch mal mit Hackfleisch gefüllte Rinderrouladen darin!

Holunder-Chutney

Zutaten:

1 kg Holunderbeeren	*1 EL Senfkörner, zerdrückt*
2 mittelgroße Zwiebeln	*1 EL Thymian, gerebelt*
200 g Grümmel (brauner Zucker)	*1 TL Salz*
250 ml Rotweinessig	*Pfeffer*
1 TL Ingwer, gemahlen	

Zubereitung:

Mit dem Kartoffelstampfer die gewaschenen, verlesenen Holunderbeeren in einer großen Schüssel zerdrücken. Zwiebeln schälen und in feine Würfel schneiden. Alle Zutaten mischen, über milder Hitze zum Kochen bringen. Unter häufigem Umrühren ein bis zwei Stunden – bis zum Erreichen der gewünschten Konsistenz – köcheln lassen. Sofort in saubere, heiß gespülte Gläser geben und luftdicht verschließen.

TIP!

Sie sollten das Chutney frühestens nach einem Monat zum ersten Mal servieren; sein Geschmack wird mit der Zeit wesentlich intensiver und würziger.

Holundergelee zu Wild

Zutaten:

1 l Holundersaft	*Schale einer unbehandelten*
1/4 l Ebereschensaft	*Zitrone*
1,5 kg Zucker	*1 kleine Flasche Geliermittel*
4 Nelken	*mit separater Zitronensäure*

Zubereitung:

Gewinnen Sie die Säfte – ohne Zuckerzugabe – im Dampfentsafter oder mittels Schnellkochtopf. (Dabei rechnet man die doppelte Menge an ganzen Früchten.) Füllen Sie die Säfte mit Zucker, Zitronenschale und -säure und den Nelken in einen Topf, und bringen Sie die Mischung rasch zum Kochen. Den Topf vom Herd nehmen und den Inhalt etwa eine Viertelstunde durchziehen lassen. Dann die Gewürze entfernen. Den Saft nochmals aufkochen und das Geliermittel einrühren. Nur einmal kurz aufwallen lassen. Das fertige Gelee in saubere Gläser füllen und luftdicht verschließen.

Holunderbeergelee ist auch ein vollwertiger Ersatz für Preiselbeeren. Dafür ein Viertel der Beeren nicht entsaften, sondern im Ganzen mitkochen.

Pikante Holunderbeeren

Zutaten:

1 kg vollreife Holunderbeeren
450 g brauner Kandiszucker
500 ml Weinessig
8 Pfefferkörner
5 Gewürznelken
1 EL geriebener Meerrettich
1 Zimtstange
1 mittelgroße frische Ingwerknolle, in Scheiben geschnitten
Muskatblüte

Zubereitung:

Holunderbeeren waschen, verlesen und entstielen. Mit etwa 200 g Kandiszucker in Gläser füllen. Nun den Essig mit den Gewürzen und dem restlichen Zucker aufkochen, etwa 10 Minuten kochen lassen. Dann abseihen und noch heiß über die Beeren gießen. Sofort luftdicht verschließen.

TIP!

Pikante Holunderbeeren sind eine interessante Beilage zu Kurzgebratenem oder Schmorfleisch.

Desserts

Holundersorbet

Verzieren Sie Dessertgläser doch mal mit einem hübschen Rand: Tauchen Sie die Glasränder erst in ein Tellerchen mit Holunderbeersaft und dann in Kristallzucker. Vor dem Servieren antrocknen lassen.

Zutaten:

300 g Birnen- oder Apfelschnitze
1/8 l Weißwein
50 g Zucker
2 Gewürznelken
1/2 l reiner Holunderbeersaft
150 g Honig
4 EL Zitronensaft
etwas abgeriebene Zitronenschale
4 cl Obstwasser

Zubereitung:

Birnen- oder Apfelschnitze in Weißwein mit Zucker und Gewürznelken knapp 5 Minuten dünsten; im Sud erkalten lassen.

Holundersaft mit Honig, Zitronensaft und -schale erhitzen, bis der Honig schmilzt; wegen der Vitamine aber nicht aufkochen lassen.

Die Hälfte der gedünsteten Fruchtschnitze pürieren und unter die Holundermischung ziehen. Alles abkühlen lassen, dann in den Gefrierschrank stellen. Häufig durchrühren; dadurch wird die Konsistenz des Sorbets feiner. Mindestens vier Stunden gefrieren lassen.

Kurz vor dem Servieren mit dem Schneidstab des Handrührers gut durchrühren. In gekühlte Gläser füllen, mit dem Rest der Obstschnitze garnieren und mit etwas Obstwasser beträufeln.

Herbstkompott

Zutaten:

200 g saure Äpfel	*200 g brauner Zucker*
200 g feste Birnen	*2 Stück Sternanis*
200 g Zwetschgen	*4 Gewürznelken*
200 g Holunderbeeren	*2 Stangen Zimt*
150 ml Wasser	

Zubereitung:

Äpfel und Birnen schälen, vom Kerngehäuse befreien und in mundgerechte Stücke schneiden. Zwetschgen waschen, entsteinen und vierteln. Holunderbeeren waschen und gut verlesen.

Wasser und Zucker aufkochen. Gewürze in ein Mullsäckchen binden und 10 Minuten mitkochen lassen; dann entfernen. Nun die vorbereitete Fruchtmischung einrühren. Gerade nur knapp garkochen – die Früchte sollen nicht zerfallen. Gut gekühlt servieren.

TIP!

Wenn Sie dieses köstliche Kompott zu Grießflammeri oder Reispudding servieren möchten, verrühren Sie vorher 1–2 Eßlöffel Speisestärke mit etwas kaltem Wasser und dicken damit das Kompott leicht an.

Machen Sie es wie »die Großen« auf dem Gebiet: Nutzen Sie die färbenden Eigenschaften der Holunderbeeren. Einige Teelöffel Holunderbeersaft gibt allen roten Konfitüren – wie Erdbeer-, Himbeer-, Johannisbeer- oder Mischfruchtkonfitüren – eine viel schönere, intensiv rote Farbe, ohne den Geschmack zu verändern!

Holundercreme

Zutaten:

400 g Holunderbeeren	*2 EL Zitronensaft*
500 g Speisequark	*60 g Zucker, 125 g Sahne*

Zubereitung:

Holunderbeeren in wenig Wasser kurz aufkochen; durch ein Sieb streichen und erkalten lassen. Quark mit Zitronensaft und Zucker glattrühren; Sahne steif schlagen. Beerenmark gut mit dem Quark verrühren. Sahne unterheben. Kühl servieren.

Gebäck

Hollerküchlein

Zutaten:

8–10 vollerblühte Holunderdolden	*ca. 1/8 l Milch*
2 Eier, getrennt	*eine Prise Salz*
150 g Mehl	*2 EL Öl*

Zubereitung:

Holunderblüten gut abbrausen, auf Küchenkrepp trocknen lassen. Aus dem Eiweiß steifen Schnee schlagen. Mehl, Eigelb, Milch, Salz und Öl zu einem dickflüssigen Teig verrühren; Eischnee vorsichtig unterheben. Die Holunderblütendolden am Stielende fassen und mit den Blüten in den Teig stippen. Sofort schwimmend in heißem Fritierfett ausbacken. Gut abtropfen lassen; mit Zucker oder Zimtzucker bestreut servieren.

TIP!

Gerade Kinder lieben die süßen, knusprig ausgebackenen Holunderküchlein. Falls es zeitlich paßt: Bieten Sie sie doch mal an einem Kindergeburtstag an – statt Negerküssen!

Holunder-Blechkuchen

Zutaten:

250 g Hefeteig	*3 Eier*
4 El geriebene Haselnüsse	*2 EL Vanille-Puddingpulver*
500 g Holunderbeeren, gewaschen	*2 EL Zucker*
200 ml Milch	

TIP!

Dieser herrlich fruchtige Blechkuchen schmeckt am besten mit halbsteif geschlagener Sahne.

Zubereitung:

Den Hefeteig ausrollen und auf das gefettete Backblech legen; an den Rändern etwas hochziehen. Mehrmals mit der Gabel einstechen. Nun die Nüsse und dann die Holunderbeeren darauf verteilen. Milch mit Eiern, Puddingpulver und Zucker gut verquirlen und über die Beeren gießen.

Im vorgeheizten Ofen bei 225 °C etwa 30 Minuten backen.

Holunder-Schaumtorte

Zutaten:

Für den Teig:	*Für die Füllung:*
250 g Mehl	*4 Eiweiß*
150 g Butter	*120 g Zucker*
60 g Zucker	*400 g Holunderbeeren*
2 Eigelb	*1 TL Zimt*
1–2 EL eiskaltes Wasser	*80 g geriebene Nüsse*

Zubereitung:

Aus den angegebenen Zutaten einen Mürbteig herstellen. Eine halbe Stunde durchkühlen; dann ausrollen und eine Springform damit auskleiden. Mit der Gabel mehrmals einstechen und mit getrockneten Erbsen bestreuen. Bei 225 °C etwa 10 Minuten blindbacken. Erbsen entfernen.

Für die Füllung das Eiweiß sehr steif schlagen; dabei nach und nach den Zucker einrieseln lassen. Holunderbeeren, Zimt und Nüsse vorsichtig unterheben. Die Schaummasse auf den vorgebackenen Tortenboden geben und bei 225 °C nochmals etwa 15–20 Minuten backen.

Blätterteig-Holunderkuchen

Zutaten:

1 Packung Blätterteig	*Saft und Schale einer*
500 g Speisequark	*unbehandelten Zitrone*
2 Eier	*Zimt nach Geschmack*
80 g Zucker	*250 g Holunderbeeren*

Zubereitung:

Eine Springform (26 cm Durchmesser) mit kaltem Wasser ausspülen. Blätterteigplatten leicht überlappend auf einem Backbrett auslegen und ausrollen. Die Form damit auslegen.

Für den Belag die restlichen Zutaten sorgfältig mischen und auf den Teigboden streichen. Im vorgeheizten Backofen bei 225 °C ca. 20 Minuten backen.

Sehr fein schmeckt Holunder auch als Fruchtfüllung in Sahnetorten. Bereiten Sie doch mal »Schwarzwälder Holundertorte« statt »Schwarzwälder Kirsch« – oder ersetzen Sie die Dose Mandarinen unter der Käsesahnemasse durch die fruchtigen Beeren! Sie können jedes Holunder-Kompott dafür verwenden, nur sollten Sie es mit Speisestärke andicken.

Köstliches zu allen Gelegenheiten

Holunderbeeren in Honigsirup sind eine Köstlichkeit zu Wild oder Geflügelgerichten. Aber auch Obstsalaten geben sie eine ganz besondere Note.

Holunder in Honigsirup

Zutaten:

1 kg Holunderbeeren
1 unbehandelte Zitrone
1 l Wasser
200 g Grümmel (brauner Zucker)
400 g Tannenhonig
1 Stange Zimt
1/2 TL grüner Pfeffer
je 1 Msp. gemahlene Nelken und Ingwer

Zubereitung:

Die vollreifen Beeren waschen und verlesen. In vorbereitete, nicht zu große Gläser füllen. Zitrone auspressen und hauchdünn schälen.

Wasser, Zucker, Honig, Saft und Schale der Zitrone sowie die Gewürze mischen und etwa eine halbe Stunde leise sieden lassen. Dann abseihen und über die Holunderbeeren gießen. Im Einkochtopf bei 75 °C 20 Minuten sterilisieren.

Holundergrütze mit Vanillesahne

Zutaten:

500 g vollreife Holunderbeeren
250 g Himbeeren (tiefgekühlt)
1 EL Zitronensaft
4 EL Zucker
8 EL Wasser
3 gestrichene EL Stärkemehl
1 Becher Sahne
1 Päckchen Vanillezucker

Zubereitung:

Die sorgfältig entstielten Holunderbeeren waschen und auf Küchenkrepp trocknen lassen. Die gefrorenen Himbeeren vollständig auftauen lassen, dann zu den Holunderbeeren geben und durch ein Sieb streichen. Beerenpüree, Zitronensaft und Zucker mischen und über kleiner Flamme unter ständigem Rühren aufkochen lassen. Den Topf vom Herd nehmen; das mit Wasser glattgerührte Stärkemehl zufügen. Nun die Grütze nochmals bis zum Siedepunkt erhitzen, aber nicht kochen lassen. In Dessertgläser oder -schalen füllen und erkalten lassen.

Kurz vor dem Servieren die eiskalte Sahne halbsteif schlagen; dabei den Vanillezucker einrieseln lassen. Grütze mit gehobelten Mandeln bestreuen. Die Sahne getrennt dazu reichen.

Geschlagener Holunderpudding

Zutaten:

750 ml Holunderbeersaft
6–8 EL Zucker
80 g Weizengrieß
6 EL Holundermus
oder -marmelade

Zubereitung:

Den Holunderbeersaft über mittlerer Flamme zum Kochen bringen. Zucker zugeben und unter ständigem Rühren nach und nach den Grieß einstreuen. Kochplatte auf kleinste Stufe schalten und die Mischung sechs bis acht Minuten ziehen lassen, bis sie dicklich wird; dabei gelegentlich umrühren.

Nun den Brei in eine große Schüssel füllen. Mit dem Handrührgerät auf Stufe 3 etwa zehn Minuten lang gründlich durcharbeiten, bis der Pudding zartfarbig, locker und schaumig geworden ist und sich sein Volumen mindestens verdoppelt hat.

Die Speise in Dessertschälchen füllen. Je einen EL Holundermus oder -marmelade daraufgeben und flüchtig unterziehen, so daß sich eine dunkle Spirale bildet.

Holunderparfait mit Kiwipüree

Zutaten:

600 g reife Holunderbeeren
125 g Zucker
1/8 l Wasser
4 Eigelb, 1/4 l Sahne
6 Kiwifrüchte
3 EL Puderzucker
2 EL Kiwilikör
(ersatzweise Obstwasser)

Zubereitung:

Holunderbeeren waschen, verlesen und durch ein Sieb passieren. Kurz aufkochen, dann erkalten lassen. Zucker mit Wasser sprudelnd zu einem Sirup kochen. Die Eigelb mit dem Handrührgerät verquirlen; dabei langsam den heißen Zuckersirup einlaufen lassen. Auf höchster Stufe weiterschlagen, bis eine sehr schaumige Masse entsteht. Dann die Sahne steif schlagen. Holunderpüree mit der Eiermasse vermischen, Sahne vorsichtig unterziehen. In eine runde Form füllen und in den Gefrierschrank stellen. Während der nächsten zwei Stunden gelegentlich gut durchrühren; dann über Nacht gefrieren lassen.

Wer Kiwis nicht mag, sollte sich davon nicht abhalten lassen, das köstliche Holunderparfait zu versuchen. Bereiten Sie den Guß einfach mit einer anderen Obstsorte zu. Holunder paßt geschmacklich zu den meisten Früchten!

Kurz vor dem Servieren die Kiwis schälen. Eine Kiwi in dünne Scheiben schneiden, die anderen mit Puderzucker und Likör im Mixer pürieren. Die Form mit dem Parfait kurz in heißes Wasser tauchen; das Parfait auf eine gekühlte Platte stürzen. Mit dem Kiwipüree übergießen und mit den zurückbehaltenen Fruchtscheiben garnieren.

Holunder-Trifle

Trifles sind Schüsselkuchen – Torten zum Löffeln. Sie stammen aus England und sind der beste Beweis, daß die englische Küche weit besser ist als ihr Ruf.

Zutaten:

500 g Holunderbeeren
ca. 500 g Rührkuchen
(ersatzweise trockener Bisquit oder Löffelbisquits)
200 g Makronen
gut 1/4 l Dessert-Sherry
6 EL Johannisbeergelee
1/2 l Milch
1 Vanilleschote
5 Eigelb
150 g Zucker
1/2 l Sahne
Mandelstifte

Zubereitung:

Die gewaschenen und verlesenen Holunderbeeren mit sehr wenig Wasser kurz aufkochen und erkalten lassen. Kuchen – es können durchaus Reste sein – in fingerdicke Scheiben schneiden. Eine Glasschüssel damit auslegen; den Rest würfeln und mit den Makronen mischen. Sherry gleichmäßig über die Kuchenscheiben und die Kuchen-Makronen-Mischung träufeln. Das glattgerührte Johannisbeergelee auf die Kuchenscheiben streichen.

Nun die Milch mit der aufgeschnittenen Vanilleschote aufkochen und etwa zehn Minuten ziehen lassen. Vanilleschote entfernen. Die Eigelb mit etwa 100 g Zucker sehr schaumig rühren, dann langsam die heiße Vanillemilch zulaufen lassen. Die Creme im Wasserbad weiterschlagen, bis sie dicklich wird. Aus dem Wasserbad nehmen und bis zum Erkalten weiter rühren. Eicreme, Holunderpüree und die Kuchen-Makronen-Mischung abwechselnd in die mit Kuchen ausgelegte Schüssel füllen. Sahne mit dem restlichen Zucker steif schlagen und darüberstreichen. Mit Mandelsplittern bestreuen.

Trifle eine halbe Stunde kühlen; dann servieren.

TIP!

Trifles sind besonders köstliche Varianten der Resteverwertung. Sie sollten aber unbedingt am selben Tag gegessen werden, an dem sie zubereitet wurden.

Holunder-Schüsselkuchen mit Zimtreis

Zutaten:

3/4 l Milch
2 Stangen Zimt
1 Prise Salz
200 g Milchreis
3 EL Butter
200 g Zucker
4 Eier
geriebene Schale einer halben unbehandelten Zitrone
2 cl Rum
Margarine
3 EL Semmelbrösel
750 g Holunderbeeren

Zubereitung:

Milch mit Zimtstangen und einer Prise Salz aufkochen. Milchreis einrühren; bei schwacher Hitze halbweich köcheln. Zimtstangen entfernen, Reis auskühlen lassen.

Butter mit 150 g Zucker schaumig rühren. Eigelb einzeln zugeben und gut unterschlagen. Mit Zitronenschale würzen. Eiweiß zu schnittfestem Schnee schlagen. Reis mit Rum und Eicreme mischen, vorsichtig den Eischnee unterheben.

Eine feuerfeste Form dick ausfetten und mit den Semmelbröseln bestreuen. Die gewaschenen und gut abgetropften Holunderbeeren gleichmäßig einfüllen und mit dem restlichen Zucker bestreuen. Reismasse darüberstreichen. Im vorgeheizten Backofen bei 200 °C etwa 45 Minuten backen.

Gegrillte Holunder-Äpfel

Zutaten:

4 mittelgroße Äpfel
4 EL Zitronensaft
4 EL Holunderbeeren
etwas gemahlener Zimt
4 EL Sahne
Butterflöckchen

Zubereitung:

Äpfel schälen und aushöhlen. Sofort innen und außen mit Zitronensaft beträufeln und auf je ein Viereck gebutterte Alufolie setzen. Holunderbeeren leicht mit Zimt bestreuen und in die Äpfel füllen. Je 1 EL Sahne auf die Beeren gießen und mit einem Butterflöckchen belegen. Folie gut schließen. Die verpackten Früchte etwa 20 Minuten auf dem Grill garen.

Holunder-Äpfel sind eine attraktive Beilage zu gegrillten Schweinesteaks oder Hühnerbrüstchen. Aber auch zu Hirschmedaillons passen sie ausgezeichnet.

Party-Käse mit Holunder

Servieren Sie den Party-Käse mit deftigem Brot oder zu Crackern. Wer es eher pikant mag, kann ihn auch als Dessert nach einem guten Essen reichen.

Zutaten:

300 g Holunderbeeren
350 g Gelierzucker
1/2 Zimtstange
Saft und Schale einer unbehandelten Orange
175 g reifer Camembert
350 g Frischkäse
40 g Butter
Salz, Pfeffer
1 EL Weinbrand
Walnüsse (vorzugsweise Schälnüsse)

Zubereitung:

Die gewaschenen Holunderbeeren in einem Kochtopf leicht zerdrücken. Gelierzucker, Zimt, Saft sowie Schale der Orange zufügen und gut verrühren. Aufkochen und unter Rühren vier Minuten wallend kochen. Die Masse abkühlen lassen und kaltstellen.

Camembert entrinden und fein zerdrücken. Frischkäse mit Butter schaumig rühren; Camembert daruntermischen. Mit Salz, Pfeffer und Weinbrand würzen.

Käsemasse und Holundermus abwechselnd in eine Schüssel füllen. Mit den Nüssen garnieren und vor dem Servieren etwa zwei Stunden kalt stellen.

Schwarz-Rot-Gold-Gelee

Gelees, die nicht in kochendheißem Zustand luftdicht verschlossen werden, kann man selbstverständlich nicht so lange aufbewahren. Im Kühlschrank halten sie sich jedoch gut zwei Wochen.

Zutaten:

je 1 l frischer Holunder-, roter Johannisbeer- und Apfelsaft
2 EL Zitronensaft
1,5 kg Gelierzucker ›2 zu 1‹
Saft einer halben Orange

Zubereitung:

Holunderbeersaft mit Zitronensaft und 500 g Gelierzucker mischen. Unter Rühren aufkochen und 4 Minuten sprudelnd kochen lassen. Vorbereitete Gläser zu einem Drittel damit füllen. Völlig erstarren lassen.

Roten Johannisbeersaft mit 500 g Gelierzucker verrühren und ebenfalls 4 Minuten sprudelnd kochen lassen. Leicht abkühlen lassen und auf das Holundergelee geben. Erstarren lassen.

Apfelsaft mit Orangensaft und restlichem Gelierzucker mischen und wieder 4 Minuten kochen und dann leicht abkühlen lassen. Das letzte Drittel der Gläser damit füllen.

In der Reihe *Natürliche Heilmittel* sind ferner erschienen:
Gesund & Fit durch Aromaöle (3-8118-6760-1)
Gesund & Fit durch Schwarzkümmel (3-8118-6762-8)
Gesund & Fit durch Teebaumöl (3-8118-6763-6)
Gesund & Fit durch Apfelessig (3-8118-6764-4)
Gesund & Fit durch Knoblauch (3-8118-6765-2)
Gesund & Fit durch Kräutertees (3-8118-6766-0)
Gesund & Fit durch Johanniskraut (3-8118-6767-9)
Gesund & Fit durch Honig (3-8118-6768-7)
Gesund & Fit durch Weizengras (3-8118-6769-5)

Printed in Germany
ISBN 3-8118-6761-X

Titelbild: Reinhard-Tierfoto, Heiligkreuzsteinach

Gedruckt auf alterungsbeständigem Papier mit chlorfrei gebleichtem Zellstoff